Pierangelo Ballotta

Smart City: prospettive strategiche e normative

INDICE

1. INTRODUZIONE

1.1. Premessa

L'espressione Città Intelligente (Smart City o Smart Community) si riferisce ad un ambiente urbano in grado di agire attivamente ed efficacemente per migliorare la qualità della vita dei propri cittadini e per contribuire alla crescita personale e sociale degli individui, delle imprese e delle istituzioni, coniugando competitività e sviluppo urbano sostenibile, attraverso l'impiego diffuso e innovativo delle Tecnologie dell'Informazione e della Comunicazione (ICT), in particolare nei campi della comunicazione, della mobilità, dell'ambiente e dell'efficienza energetica. Ciò sottende l'idea che le tecnologie abilitino un nuovo modo di vivere la nostra vita, con una particolare attenzione rivolta ai bisogni delle persone, al capitale umano e relazionale, all'apprendimento e all'educazione, alla gestione oculata delle risorse, allo sviluppo sostenibile ed alla sostenibilità economica.

Il dibattito che si è sviluppato sul tema delle Città Intelligenti ha interessato tutte le realtà sociali dando vita ad una serie di iniziative comunitarie e nazionali che sono sfociate in interventi della Comunità Europea volti a sostenere i progetti proposti dalle città che hanno inteso aderirvi.

Le disposizioni comunitarie che sono state trasferite nelle realtà nazionali hanno portato alla stesura di una piattaforma progettuale delle Città Intelligenti che si può definire una collezione di problematiche urbane e di possibili soluzioni specifiche, attraverso l'uso di tecnologie, applicazioni, soluzioni e regole, sia pubbliche che private, che coinvolgono ogni ambito sociale.

Obiettivo di questo testo è presentare le linee guida principali della proposta della Comunità Europea in tale ambito, la sintesi di quanto della proposta europea è stato recepito a livello normativo in Italia, lo scostamento eventualmente rilevato tra quanto previsto dalla Comunità Europea e quanto proposto in ambito nazionale italiano e la stima dei punti di forza e di debolezza individuati comparando le diverse normative.

In aggiunta, si propone di elencare alcune considerazioni in merito alle principali iniziative avviate, descrivendo lo stato dell'arte e lo stato di avanzamento in merito all'effettiva realizzazione dei progetti proposti.

1.2. Impostazione

Punto di partenza per approfondire gli argomenti inerenti le Smart City/Smart Community sono le normative emanate dal Governo e dal Parlamento italiano. Nell'analizzare il *Decreto Crescita 2.0* (sezione VII - art. 20) si susseguono i richiami ed i rimandi alle parti più generali del decreto stesso e a quanto previsto dall'*Agenda Digitale Italiana*, che nasce dalla necessità di applicare, anche nel nostro paese, come nella restante parte della Comunità, le previsioni dell'*Agenda Digitale Europea* e dell'*Europa 2020*.

È apparso inevitabile estendere quindi lo studio alle proposte avanzate attraverso il progetto *Europa 2020* che punta a rilanciare l'economia dell'Unione Europea nel prossimo decennio. In pratica, l'Unione si è posta cinque ambiziosi obiettivi – in materia di occupazione, innovazione, istruzione, integrazione sociale e clima/energia – da raggiungere entro il 2020 ed ogni Stato membro ha adottato, per ciascuno di questi settori, i propri obiettivi nazionali da attuare attraverso interventi concreti a livello europeo e nazionale.

La Commissione Europea ha attivato un apposito sito contenente molto materiale informativo, per la quasi totalità in lingua inglese e francese, con qualche rara eccezione costituita da alcune raccomandazioni disponibili parte in italiano e parte in tedesco.

Inoltre, con l'avvio della nuova strategia industriale europea per l'elettronica la stessa Commissione Europea ha reso disponibile una ulteriore generosa fonte di notizie alla quale accedere per l'acquisizione del materiale inerente l'*Agenda digitale per l'Europa*. Con questo ulteriore progetto, particolarmente articolato, la Commissione lancia una campagna per gli investimenti pubblici coordinati nei settori della micro e nano-elettronica per espandere la produzione nei settori considerati tra i più avanzati d'Europa.

La necessità di sintesi ha comportato una mole notevole di lavoro per evidenziare gli elementi più caratterizzanti dei documenti analizzati che poi sono stati inseriti nel testo e per estrarre grafici e tabelle di sintesi, non riprodotti nel presente documento, che hanno consentito di dare supporto oggettivo alle considerazioni ed alle conclusioni finali.

Le estrazioni sono state rese possibili dalle funzioni aggiuntive inserite nel sito della Comunità Europea che consentono di elaborare le informazioni che i singoli paesi hanno fornito e che sono state inserite negli archivi europei. I dati strutturati secondo criteri di riferimento standardizzati costituiscono la base dati per produrre, sulla base di parametri di selezione opzionali, una notevolissima quantità di risultati. Utilizzando poi le tecniche di benchmarking, cioè della comparazione tra dati omogenei estrapolati relativi all'Italia rispetto a quelli delle altre realtà europee, sia correlando singoli paesi che per raggruppamenti, anche rispetto a valori medi di riferimento, ha consentito di stilare classifiche e d'individuare posizionamenti.

Il sito utilizzato, denominato *Tabellone segnapunti*[1], consente anche di valutare i progressi compiuti rispetto agli obiettivi fissati oltre a fornire analisi e dati dettagliati su tutti i settori coperti dall'Agenda digitale, fornendo grafici nazionali ed europei prodotti dinamicamente, scaricando rapporti specifici, evidenziando i progressi per Paese rispetto alle situazioni annuali, riportando i progressi rilevati dalla Comunità, comparando i risultati consolidati frutto dei periodici monitoraggi sulle azioni richieste.

1.3. Ulteriori indicazioni

Come si può intuire sia la normativa di riferimento che i dati sui quali effettuare le elaborazioni sono in continuo aggiornamento e ciò ha reso necessario porre un termine temporale di riferimento, oltre il quale non considerare alcuna variazione.

Inizialmente il cut off scelto era stata la data del 28/2/2013 in concomitanza con la fine delle elezioni politiche ma, proprio in quel periodo e fino alla fine del suo mandato (27/04/2013), il Governo Monti ha continuato ad emanare provvedimenti che andavano a modificare, in modo marcato, lo scenario di cui mi stavo occupando. Inoltre, dal 28/04/2013 si insediava il Governo Letta iniziando a compiere atti comunque rilevanti, quali il ritiro dello Statuto dell'*Agenzia per l'Agenda Digitale* dalla Corte dei Conti. Il nuovo cut off è stato quindi posto alla data del 17/5/2013.

---

[1] *Quadro di valutazione dell'agenda digitale* - Commissione europea - Agenda digitale per l'Europa - I nostri obiettivi - http://ec.europa.eu/digital-agenda/en/scoreboard, ultima consultazione: 06/05/2013

Forse è superfluo segnalare che lo spostamento di tre mesi ha comportato l'aggiornamento delle segnalazioni e delle rilevanze comunicate oltre alla variazione   delle considerazioni e dei rilievi sull'efficacia ed efficienza complessiva. Alcune evidenze erano infatti venute a decadere ed altre erano invece emerse in seguito alle modifiche apportate alle norme.

Per la presente ricerca sulle Smart Community non è stato possibile reperire nessun testo o pubblicazione in normale distribuzione in quanto si fa riferimento ad un argomento di recente proposizione e che non ha ancora trovato completa definizione né a livello europeo né a livello nazionale. Non restava quindi che ricorrere alla rete internet che se da un lato risulta di facile accessibilità dall'altro offre fonti informative sulla cui attendibilità non c'è, a volte, nessuna certezza.

Per ricercare e selezionare informazioni attendibili ho quindi scelto di ricorrere principalmente ai siti istituzionali della <u>Comunità Europea</u> e del <u>Ministero dello Sviluppo Economico</u> che contengono informazioni verificate, provenienti dalle stesse istituzioni che hanno prodotto le norme di riferimento e che dispongono di apparati adeguatamente strutturati per il mantenimento e l'aggiornamento tempestivo dei contenuti trattati.

- **Comunità Europea**

La ricerca ha riguardato quanto viene prodotto e reso disponibile dalla Comunità Europea che, pur non mancando di distribuire molto materiale informativo in occasione dei numerosi incontri pubblici, ha ritenuto necessario costituire un portale istituzionale attraverso il quale è possibile accedere ad ogni tipo di informazione riguardante le attività svolte dagli organismi europei. In particolare i settori verso i quali ho rivolto la mia attenzione hanno riguardano il Diritto dell'Unità Europea e quello delle Pubblicazioni.

I siti riconducibili al Diritto dell'Unità Europea sono organizzati per tipologie di attività e per competenze e riportano ogni informazione sulle azioni svolte dal <u>Parlamento</u> europeo, eletto direttamente, e dal <u>Consiglio</u> europeo formato dai governi dei 27 Stati membri che approvano, congiuntamente, la legislazione dell'UE. In tale ambiente internet ho inoltre analizzato l'attività della <u>Commissione</u> europea in merito agli accertamenti sulle conseguenze economiche, sociali e ambientali e sugli studi di impatto, i verbali prodotti durante le Consultazioni dei singoli paesi membri e delle parti interessate (organizzazioni non governative, le amministrazioni locali e i rappresentanti dell'industria e della società civile, esperti) oltre a quanto emerso attraverso le Consultazioni pubbliche che coinvolgono i cittadini, le imprese e le organizzazioni. Anche le Indicazioni dei Parlamenti nazionali, che sono oggetto di formalizzazione ed archiviazione in appositi documenti, che costituiscono un consistente archivio digitale consultabile liberamente, hanno fornito ulteriori informazioni utili.

Si tratta di una quantità rilevante di informazioni sul tema delle Smart Community che, per poter essere discriminate correttamente, hanno comportato un approfondimento anche riguardante l'operatività e le tipologie di documentazione rese disponibili dagli organismi europei.

Il Parlamento europeo e il Consiglio, dopo aver esaminato le proposte della Commissione, valutato gli emendamenti proposti e concordato il testo definitivo, emanano la normativa che può quindi essere adottata. Per realizzare gli obiettivi stabiliti l'UE adotta diversi tipi di atti legislativi alcuni dei quali sono vincolanti, altri no e possono riguardare tutti o solo alcuni Paesi membri. Può in particolare adottare:

- Regolamenti - atti legislativi vincolanti, in tutti i suoi elementi, nell'intera Unione europea.

- Direttive - atti legislativi che stabiliscono un obiettivo che tutti i paesi dell'UE devono realizzare, ma è demandato a ciascun paese l'emanazione delle leggi per dare attuazione a questi principi.

- Decisioni - sono vincolanti per i suoi destinatari e sono direttamente applicabili.

- Raccomandazioni - non sono vincolanti ma consentono alle istituzioni europee (Commissione, Consiglio, Parlamento, Comitato delle regioni, Comitato economico e sociale europeo) di rendere note le loro posizioni e di suggerire linee di azione senza imporre obblighi giuridici.

- Pareri - sono strumenti che permettono alle istituzioni europee di esprimere la loro posizione non vincolante.

La mia ricerca ha riguardato tutti gli atti legislativi obbligatori e le raccomandazioni mentre non ha considerato i pareri che risultano di minor rilevanza e non vincolanti.

Tali atti sono stati reperiti in **EUR-Lex** seguendo i criteri di ricerca previsti (selezione per Regolamento, Direttiva, Decisione e Raccomandazione) con filtro possibile sull'anno di emanazione e sul numero di riferimento. In merito ad alcuni particolari atti ho dovuto ricorrere alla ricerca nel sito della Corte di giustizia dell'Unione europea, che raccoglie tutti gli atti suddivisi per Organo giudicante (Corte di giustizia, Tribunale, Tribunale della funzione pubblica), in quanto in alcuni casi erano stati presentati ricorsi che occorreva valutare.

Oltre ad EUR-Lex è disponibile un sito con accesso diretto alla **Gazzetta ufficiale** dell'UE ed ai documenti ufficiali suddivisi per istituzione riguardanti le relazioni, gli studi, gli opuscoli, le statistiche, i sondaggi, le biblioteche, gli archivi e le risorse per editori e autori.

- **Ministero dello Sviluppo Economico**

Il portale del MISE è stato recentemente aggiornato e suddiviso in aree che consentono una facile ricerca degli argomenti che forniscono risposte esaustive alle molte domande che cittadini ed imprese rivolgono al Ministero. Al suo interno è stato possibile recuperare le normative, le analisi e gli approfondimenti in merito all'Agenda Digitale Europea, al Decreto Crescita 2.0, all'Agenda Digitale Italiana, al Piano Nazionale Banda Larga, al Progetto Strategico Banda Ultralarga alla Cabina di regia per l'Agenda Digitale Italiana, ecc.

Una specifica entrata dello stesso portale riporta inoltre informazioni in merito ai media nel quale è possibile ricercare Comunicati stampa, Interviste, articoli e Note per la stampa.

Non manco di ricordare nuovamente che le basi informative rese disponibili dalla Comunità europea sono in lingua inglese e soltanto ciò che specificatamente riguarda l'Italia è in parte tradotto e conservato in lingua italiana. Per tutto il resto si è provveduto alla traduzione e solo successivamente alla sintesi.

Oltre ai siti istituzionali di cui sopra ho ritenuto di far ricorso ad alcuni altri che ho reputato indispensabili o meritevoli di particolare attenzione e dai quali ho tratto importanti indicazioni e notizie riguardanti la mia ricerca. Mi riferisco ai siti delle istituzioni italiane (Senato, Camera e Presidenza del Consiglio), quelli degli altri ministeri competenti (Ministero dell'Istruzione, dell'Università e della Ricerca, Ministero dell'Economia e delle Finanze e Ministero delle Infrastrutture e dei Trasporti), siti europei specializzati nel settore Smart Cities, delle maggiori università (Padova, Venezia, La Sapienza, Politecnico, Bocconi, Milano, Milano-Bicocca, Roma, ecc.), i siti che fanno capo ad alcuni giornali italiani (Repubblica, Corriere della Sera, Sole 24ore, Corriere delle Comunicazioni) ed europei, di alcune associazioni di categoria, di società produttrici di dispositivi elettronici avanzati o di software innovativo.

Il materiale così raccolto costituisce un insieme enorme di informazioni che con molta difficoltà ho cercato di sintetizzare e ricondurre, nelle sue parti principali, all'interno del testo proposto. Lo schema e le relazioni presentate, come pure l'ordine e la sequenza mostrata, spero possano essere sufficientemente efficaci nel comunicare ciò che l'intera materia intende affrontare. Nel contempo auspico che possa contribuire a rendere consapevoli i lettori delle difficoltà che si presentano nel costruire un insieme coordinato, completo ed efficace di norme che consentano di raggiungere gli obiettivi proposti dalla Comunità europea e che il nostro paese dovrà realizzare.

2. BASI NORMATIVE

2.1 Normativa Europea

Con la *Strategia di Lisbona*[2] l'Europa, a partire dal 2000, si è posta l'obiettivo di diventare l'economia della conoscenza più avanzata del mondo attraverso una revisione completa del sistema d'istruzione europeo che garantisca l'accesso alla formazione lungo tutto l'arco della vita. Il documento predisposto affronta tutti i campi della politica economica: *innovazione e imprenditorialità, riforma del welfare, capitale umano, pari opportunità, liberalizzazione dei mercati e sviluppo sostenibile* presentando come portanti, per la prima volta, i *temi della conoscenza*.

Su tali basi la Comunità Europea ha avviato una lunga ed impegnativa attività che si è intensificata negli ultimi anni in concomitanza dell'accentuarsi delle ripercussioni mondiali della crisi finanziaria e delle conseguenti difficoltà che anche l'Europa deve affrontare per superarla. I leader europei hanno condiviso le ragioni della crisi ma gli obiettivi per superarla *appartengono perlopiù alla sfera delle decisioni nazionali*, pertanto, il primo passo da compiere, riguardava l'individuazione di precisi obiettivi misurabili che i singoli governi si impegnavano a tradurre in obiettivi ed interventi nazionali.

A tal scopo, la Commissione europea presentava nel marzo 2010 la *Strategia Europa 2020 per una crescita intelligente, sostenibile e solidale*[3] che viene approvata dai capi di Stato e di governo dei paesi dell'UE nel giugno 2010. La strategia prevede obiettivi tangibili da realizzare entro il prossimo decennio in ambiti come l'occupazione, la produttività, la coesione sociale, l'istruzione, l'energia e l'innovazione, per consentire all'Europa di superare l'impatto della crisi finanziaria e rilanciare l'economia. Una delle sette iniziative faro della strategia Europa 2020[4] è l'*Agenda Digitale*[5], che mira a

---

[2] *Strategia di Lisbona* - si intende un programma di riforme economiche approvato dal Consiglio europeo straordinario di Lisbona, tenutosi nei giorni 23 e 24 marzo 2000, con l'obiettivo espressamente dichiarato di fare dell'Unione la più competitiva e dinamica economia della conoscenza entro il 2010.
[3] *Strategia EU2020* - Bruxelles, 3.3.2010 - COM(2010) 2020 definitivo - Comunicazione Della Commissione Europa 2020 - Una strategia per una crescita intelligente, sostenibile e inclusiva - http://eur-lex.europa.eu/LexUriServ/LexUriServ.do?uri=COM:2010:2020:FIN:IT:PDF, ultima consultazione: 06/05/2013
[4] *Europa 2000* - http://ec.europa.eu/europe2020/index_it.htm, ultima consultazione: 06/05/2013
[5] *Agenda Digitale Europea* - Commissione Europea nel maggio 2010 (Commissione Europea - Bruxelles, 19.5.2010 - COM(2010)245 definitivo - Un' agenda digitale europea -

stabilire il ruolo chiave delle tecnologie dell'informazione e della comunicazione (ICT) per tracciare la strada per sfruttare al meglio il potenziale sociale ed economico delle ICT, in particolare di internet, che costituisce il supporto essenziale delle attività socioeconomiche, che si tratti di creare relazioni d'affari, lavorare, giocare, comunicare o esprimersi liberamente.

Con la maggiore diffusione e con l'uso più efficace delle tecnologie digitali l'Europa potrà affrontare le sfide economiche e offrire ai suoi cittadini una migliore qualità della vita, quali un'assistenza sanitaria migliore, trasporti più sicuri e più efficienti, un ambiente più pulito, nuove possibilità di comunicazione e un accesso più agevole ai servizi pubblici e ai contenuti culturali.

Inoltre, poiché quasi tre quarti degli europei vive nelle città, consumando il 70% dell'energia dell'UE con costi annuali rilevanti, l'Europa ha ritenuto che l'adozione di *Tecnologie Intelligenti* (Smart Technologies) urbane potesse dare un contributo fondamentale per vincere molte sfide urbane. Nel febbraio 2011 il Consiglio europeo ha pertanto invitato la Commissione europea a lanciare *Energia 2020*[6], una Iniziativa Industriale riguardante un progetto di dimensione europea per l'efficienza energetica e per accelerare l'introduzione, su larga scala, di tecnologie innovative a basse emissioni.

In linea con questa indicazione, la Commissione europea ha lanciato l'iniziativa *Città Intelligenti*[7] (*Smart Cities*) che inizialmente prevedeva di creare un forum di

---

http://eur-lex.europa.eu/LexUriServ/LexUriServ.do?uri=COM:2010:0245:FIN:IT:HTML, ultima consultazione: 06/05/2013
L'agenda del digitale si basa sui risultati di estese consultazioni, in particolare sui contributi della Relazione sulla competitività digitale in Europa 2009, COM(2009)390, sulla consultazione pubblica della Commissione sulle priorità future nel settore delle TLC (2009), sulle conclusioni del Consiglio TTE di dicembre 2009, sulla consultazione e la strategia Europa 2020, sulla relazione ICT Industry Partnership Contribution to the Spanish Presidency Digital Europe Strategy, la relazione d'iniziativa del Parlamento europeo su 2015.eu e sulla dichiarazione adottata durante la riunione ministeriale informale tenutasi a Granada ad aprile 2010. Tutti questi documenti sono consultabili sul sito:
http://ec.europa.eu/information society/eeurope/i2010/index en.htm, ultima consultazione: 06/05/2013
[6] *Energia 2020* - Una strategia per un'energia competitiva, sostenibile e sicura [COM/2010/639] - http://eur-lex.europa.eu/LexUriServ/LexUriServ.do?uri=CELEX:52010DC0639:EN:HTML:NOT, ultima consultazione: 06/05/2013
- *Investire nello sviluppo di tecnologie a basse emissioni di carbonio* (Piano SET) [COM/2009/519] http://eur-lex.europa.eu/LexUriServ/LexUriServ.do?uri=CELEX:52009DC0519:EN:HTML:NOT, ultima consultazione: 06/05/2013
[7] Approfondimenti su Smart Cities sono consultabili su:
- *Energia* - http://ec.europa.eu/energy/technology/initiatives/smart_cities_en.htm, ultima consultazione: 06/05/2013

discussione, raccogliendo le varie parti interessate in questo settore, e di strutturare il loro dialogo e il loro contributo all'iniziativa. In una fase successiva, l'iniziativa evolveva in una partnership europea per l'innovazione, come previsto dalla comunicazione della Commissione Europea sull'innovazione dell'ottobre 2010, e nel luglio 2012 la Commissione stessa avviava la *Partnership per l'innovazione per le Città Intelligenti (Smart Cities) e per i Comuni*[8].

La partnership si propone di riunire le risorse per sostenere lo sviluppo di tecnologie intelligenti nelle aree urbane in merito all'energia, ai trasporti e alle tecnologie dell'informazione e della comunicazione (ICT). Le industrie dei settori coinvolti sono invitate a collaborare con le città, su un limitato numero di progetti dimostrativi, che saranno realizzati in collaborazione con varie altre città pilota. Ciò consentirà tecnologie innovative, integrate ed efficienti, per un più facile accesso al mercato, pur ponendo le stesse città coinvolte al centro dell'innovazione e contribuendo, in maniera determinante, alla convergenza delle idee ed alla creazione di un "*nuovo pensiero*".

Il progetto "Smart Cities" incentiva e sostiene le città e le regioni a prendere ambiziose misure per ottenere, entro il 2020, una riduzione del 40% delle emissioni di gas serra attraverso l'uso sostenibile delle risorse e la produzione di energia.

Il finanziamento è assegnato tramite *inviti annuali a presentare proposte* che hanno comportato l'erogazione, già nel primo anno (2012), di € 81 milioni stanziati per iniziative che hanno riguardato i soli due settori dell'energia e dei trasporti. A partire dal 2013, il bilancio è stato aumentato da € 81 milioni a € 365 milioni, e riguarderà tre aree invece di due: all'*energia* ed ai *trasporti* si affiancheranno le *telecomunicazioni*.

- *Trasporti e mobilità urbana* - http://ec.europa.eu/transport/urban/urban_mobility/urban_mobility_en.htm, ultima consultazione: 06/05/2013
- *Pagina web su Smart Cities* - http://ec.europa.eu/information_society/activities/sustainable_growth/cities/index_en.htm, ultima consultazione: 06/05/2013
- *Per maggiori informazioni* - MEMO/12/538 - http://europa.eu/rapid/press-release_MEMO-12-538_en.htm?locale=en, ultima consultazione: 06/05/2013
[8] *Comunicazione della Commissione "Smart Cities e dei Comuni* - partenariato europeo per l'innovazione" [COM (2012) 4701] - http://ec.europa.eu/energy/technology/initiatives/doc/2012_4701_smart_cities_en.pdf
- *La Commissione lancia partenariato per l'innovazione per le Smart Cities e dei Comuni* [] IP/12/760 http://europa.eu/rapid/press-release_IP-12-760_en.htm?locale=en, ultima consultazione: 06/05/2013

Inoltre, ogni progetto finanziato nell'ambito del programma europeo deve combinare tutti e tre i settori allo scopo di realizzare significative sinergie.

Sintesi Europa 2020

L'Unione europea è impegnata in un grande sforzo collettivo con l'intento di creare le condizioni per un'economia più competitiva e con un più alto tasso di occupazione. Il superamento dell'attuale crisi potrà infatti avvenire attraverso un'azione strategica che la Commissione Europea ha delineato nel documento *Europa 2020*[9] nel quale viene rappresentato un quadro economico e sociale europeo ed indicate **tre priorità sinergiche** di trasformazione economica per il 2020:

- crescita **intelligente**[10] attraverso investimenti più efficaci nell'istruzione, nella ricerca, nell'innovazione, nell'uso delle tecnologie dell'informazione e della comunicazione;

- crescita **sostenibile**[11] grazie alla decisa scelta a favore di un'economia più efficiente dal punto di vista delle risorse, più verde e con maggior competitività dell'industria;

- crescita **inclusiva**[12] ossia focalizzata sulla creazione di posti di lavoro e la riduzione della povertà.

La Commissione Europea individua **cinque obiettivi principali**, rappresentativi delle priorità indicate, che risultano tra loro connessi, che non comportano una ripartizione dei compiti, perché si tratta di obiettivi comuni da conseguire insieme a livello sia europeo che nazionale e che sono considerati fondamentali per il conseguimento del risultato globale:

a) **Occupazione** - innalzamento dal 69% al 75% del tasso di occupazione (per la fascia di età compresa tra i 20 e i 64 anni).

b) **Ricerca e Sviluppo** - aumento degli investimenti dal 2% al 3% del PIL dell'UE.

c) **Cambiamenti climatici /energia** - traguardo "20/20/20":

- riduzione delle emissioni di gas serra del 20% rispetto al 1990;

---

[9] *Europa 2000* - http://ec.europa.eu/europe2020/index_it.htm, ultima consultazione: 06/05/2013
[10] *crescita intelligente* - http://ec.europa.eu/europe2020/europe-2020-in-a-nutshell/priorities/smart-growth/index_it.htm, ultima consultazione: 16/04/2013
[11] *crescita sostenibile* - http://ec.europa.eu/europe2020/europe-2020-in-a-nutshell/priorities/sustainable-growth/index_it.htm, ultima consultazione: 06/05/2013
[12] *crescita inclusiva* - http://ec.europa.eu/europe2020/europe-2020-in-a-nutshell/priorities/inclusive-growth/index_it.htm, ultima consultazione: 06/05/2013

- 20% del fabbisogno di energia ricavato da fonti rinnovabili;
- aumento del 20% dell'efficienza energetica.

d) **Istruzione:**

- riduzione degli abbandoni scolastici dall'attuale 15% al di sotto del 10%;
- aumento al 40% dei 30-34enni con un'istruzione universitaria.

e) **Povertà / emarginazione** - almeno 20 milioni di persone a rischio o in situazione di povertà ed emarginazione in meno (riduzione del 25%).

La Commissione Europea propone che tali obiettivi vengano trasposti nei percorsi nazionali e prospetta **sette iniziative faro,** in relazione alle tre priorità indicate, che vedranno impegnati tutti gli stati membri per stimolare la crescita e l'occupazione in Europa:

A. crescita **intelligente**:

1. **L'Unione dell'innovazione** - L'obiettivo è riorientare la politica di Ricerca, Sviluppo e Innovazione in funzione delle sfide che si pongono alla nostra società, come il cambiamento climatico, l'uso efficiente delle risorse e l'energia, la salute e il cambiamento demografico.

2. **Gioventù in movimento - (Youth on the move)** - L'obiettivo è aumentare l'attrattiva internazionale degli istituti europei di insegnamento superiore e migliorare la qualità generale di tutti i livelli dell'istruzione e della formazione nell'UE e migliorare la situazione occupazionale dei giovani.

3. **Un'agenda europea del digitale** - L'obiettivo è trarre vantaggi socioeconomici sostenibili da un mercato unico del digitale basato sull'internet veloce e superveloce e su applicazioni interoperabili, garantendo a tutti l'accesso alla banda larga entro il 2013 e l'accesso a velocità di internet nettamente superiori (30 Mbp o più) entro il 2020, e assicurando che almeno il 50% delle famiglie europee si abboni a connessioni internet di oltre 100 Mbp.

B. crescita **sostenibile**:

4. **Un'Europa efficiente sotto il profilo delle risorse**[13] - L'obiettivo è favorire la transizione verso un'economia efficiente sotto il profilo delle risorse e a basse

---

[13] *UE – Azione per il clima -* http://ec.europa.eu/clima/news/index_en.htm, ultima consultazione: 06/05/2013

emissioni di carbonio, che usi tutte le sue risorse in modo efficiente. Occorre scindere la nostra crescita economica dall'uso delle risorse e dell'energia, ridurre le emissioni di CO2, migliorare la competitività e promuovere una maggiore sicurezza energetica.

5. **Una politica industriale per l'era della globalizzazione** - L'industria, e in particolare le PMI, dovranno forse reinventarsi ed aprirsi a nuove opportunità commerciali in un quadro per una politica industriale moderna che sostenga l'imprenditoria, guidi l'industria e promuova la competitività e le aiuti a cogliere le opportunità offerte dalla globalizzazione e dall'economia verde.

C. crescita **inclusiva** o **solidale**:

6. **Un'agenda per nuove competenze e nuovi posti di lavoro**[14] - L'obiettivo è porre le basi della modernizzazione dei mercati del lavoro onde aumentare i livelli di occupazione e garantire la sostenibilità dei nostri modelli sociali.

7. **Piattaforma europea contro la povertà**[15] - L'obiettivo è garantire la coesione economica, sociale e territoriale prendendo spunto dall'attuale anno europeo per la lotta alla povertà e all'esclusione sociale onde migliorare la consapevolezza e riconoscere i diritti fondamentali delle persone vittime della povertà e dell'esclusione sociale, consentendo loro di vivere in modo dignitoso e di partecipare attivamente alla società.

Gli strumenti di mercato sia finanziari che economici a disposizione dell'Unione Europea saranno tutti utilizzati per il superamento delle difficoltà che dovessero presentarsi nel percorso per il conseguimento degli obiettivi indicati.

La Commissione Europea, infine, attribuisce **priorità immediata** alle misure per la definizione di una strategia credibile, la riforma del sistema finanziario, il risanamento del bilancio e l'intensificazione del coordinamento economico-monetario.

---

[14] *Nuove competenze per nuovi lavori* - http://ec.europa.eu/social/main.jsp?catId=822&langId=it, ultima consultazione: 16/04/2013
   Agenda per nuove competenze e nuovi lavori -
http://ec.europa.eu/social/main.jsp?langId=it&catId=958, ultima consultazione: 06/05/2013
[15] *Piattaforma europea contro la povertà* - http://ec.europa.eu/social/main.jsp?catId=961&langId=it, ultima consultazione: 16/04/2013
   Protezione sociale e integrazione - http://ec.europa.eu/social/main.jsp?catId=750&langId=it, ultima consultazione: 16/04/2013

Il Consiglio europeo sarà *titolare* della strategia indicata dalla Commissione Europea che *valuterà i progressi* verso il conseguimento degli obiettivi indicati agevolando ed indirizzando gli interventi *elaborando raccomandazioni* ed eventualmente *avvertimenti* per i singoli Stati membri, sulla base dell'analisi delle relazioni da essi presentate sui progressi realizzati rispetto agli obiettivi nazionali. Il Parlamento europeo fungerà da colegislatore per le principali iniziative che i Parlamenti nazionali e le varie autorità locali dovranno adottare per il conseguimento dei traguardi fissati. Nell'ambito di ciascuna iniziativa, le amministrazioni europee e nazionali saranno chiamate a coordinare gli sforzi affinché risultino più efficaci.

Perché la strategia Europa 2020 dia i frutti sperati, è stato istituito un forte ed efficace sistema di *governo dell'economia*[16] per coordinare le azioni a livello UE e a livello nazionale.

2.1.2. Sintesi Agenda Digitale Europea - DAE

L'**Agenda Digitale Europea (DAE)**[17] nasce con l'intento di ottenere vantaggi socioeconomici sostenibili grazie a un mercato digitale unico basato su internet veloce e superveloce e su applicazioni interoperabili.

In una Europa in cui la crisi ha vanificato anni di progressi economici e sociali e ha messo in luce le carenze strutturali della sua economia, nasce la necessità di assicurare un futuro sostenibile che abbracci un orizzonte che superi il medio periodo. L'invecchiamento della popolazione e la concorrenza mondiale indirizza gli interventi in tre possibili direzioni: *lavorare più duramente, più a lungo o in modo più intelligente*, con la prospettiva di dover intraprendere tutti i percorsi indicati. Certamente la terza opzione rappresenta la più valida garanzia per il raggiungimento di un migliore stile di vita. Per raggiungere questo obiettivo, l'agenda digitale contiene proposte di intervento urgenti per riportare

---

[16] *Governo dell'economia* -
http://ec.europa.eu/europe2020/europe-2020-in-a-nutshell/priorities/economic-governance/index_it.htm, ultima consultazione: 16/04/2013
[17] *Agenda Digitale Europea* - (Commissione Europea nel maggio 2010- COMMISSIONE EUROPEA - Bruxelles, 26.8.2010 - COM(2010) 245 definitivo/2 - corregge e rimpiazza COM(2010) 245 final del 19.5.2010 - Comunicazione della commissione al parlamento europeo, al consiglio, al comitato economico e sociale europeo e al comitato delle regioni Un'agenda digitale europea - /* COM/2010/0245 f/2 */
http://eur-lex.europa.eu/LexUriServ/LexUriServ.do?uri=CELEX:52010DC0245(01):IT:HTML, ultima consultazione: 06/05/2013

l'Europa sulla strada di una *crescita intelligente, sostenibile e inclusiva*. Queste proposte definiranno lo scenario per le trasformazioni che l'economia e la società, sempre più digitalizzate, porteranno nel lungo periodo.

La Commissione Europea, come già visto, ha avviato nel marzo 2010 la strategia Europa 2020 con l'intento di uscire dalla crisi e di preparare l'economia dell'UE per le sfide del prossimo decennio. La strategia Europa 2020 intende raggiungere alti livelli di occupazione, produttività e coesione sociale e un'economia a basse emissioni di carbonio, attraverso il coinvolgimento al massimo livello politico e la mobilitazione di tutte le parti interessate in Europa. L'**Agenda Digitale Europea (DAE)** è una delle *sette iniziative faro* della strategia Europa 2020, e mira a stabilire il *"ruolo chiave delle tecnologie dell'informazione e della comunicazione (ICT) per raggiungere gli obiettivi che l'Europa si è prefissata per il 2020, per fornire una crescita intelligente, sostenibile e inclusiva"*.

Sebbene l'economia digitale stia crescendo a sette volte il tasso del resto dell'economia ed il suo potere di operare trasformazioni sia evidente, per sfruttarlo appieno occorre risolvere alcuni problemi di rilievo. l'Europa è, infatti, *in ritardo* rispetto ai suoi partner industrializzati. Il 30% degli europei non ha mai usato internet, il tasso di *penetrazione delle reti* ad alta velocità a fibra ottica è solo dell'1% in Europa, contro il 12% del Giappone e il 15% della Corea del Sud, infine, la *spesa* destinata dall'UE alle attività di ricerca e sviluppo nel settore delle ICT è pari solo al 40% della spesa degli USA. La Commissione europea ha individuato *sette ostacoli principali* ad un adeguato sviluppo:

1. Frammentazione dei mercati digitali - è necessario eliminare le barriere normative agevolando le fatturazioni e i pagamenti elettronici, la risoluzione delle controversie e rafforzando la fiducia dei consumatori per consentire che i contenuti e i servizi commerciali e culturali possano superare i confini.

2. Mancanza di interoperabilità - Le carenze in materia di piattaforme aperte e di definizione degli standard, appalti pubblici e coordinamento tra amministrazioni pubbliche impediscono ai servizi e ai dispositivi digitali utilizzati dai cittadini europei di funzionare, insieme, come dovrebbero.

3. Aumento della criminalità informatica e rischio di un calo della fiducia nelle reti - le

nuove forme di criminalità (abuso di minori, furto di identità, attacchi informatici, controllo a distanza degli individui, ecc.) necessitano di risposte, in termini di contromisure, che garantiscano l'affidabilità delle reti e tutelino i diritti dei cittadini per quanto riguarda i dati personali e la riservatezza, incrementando strumenti che le rendano resistenti e protette da minacce di qualsiasi natura.

4. Mancanza di investimenti nelle reti - sono indispensabili incentivi agli investimenti privati e l'avvio di maggiori investimenti pubblici che operino in sinergia, per migliorare l'attribuzione delle bande, senza creare nuovi monopoli delle reti, adottando la banda larga che raggiunga tutti, nuove reti internet ad altissima velocità e tecnologie sia fisse che senza fili.

5. Impegno insufficiente nella ricerca e nell'innovazione - Occorre fare sforzi di ricerca e innovazione reperendo più investimenti privati e garantendo migliore coordinamento e concentrazione di risorse, per creare un clima di innovazione nel quale le aziende europee, di qualunque dimensione, che operano nel settore delle ICT, possano mettere a punto prodotti eccellenti in grado di generare nuova domanda.

6. Mancanza di alfabetizzazione digitale e competenze informatiche - la carenza di competenze professionali nel settore delle ICT e l'analfabetismo digitale diffuso escludono molti cittadini dalla società e dall'economia digitale e limitano il forte effetto moltiplicatore sull'aumento della produttività che deriverebbe dall'adozione delle ICT.

7. Mancanza di opportunità nella risposta ai problemi della società - I pressanti problemi della comunità, come ad esempio i cambiamenti climatici, le pressioni sull'ambiente, l'invecchiamento demografico e i costi sanitari crescenti, lo sviluppo di servizi pubblici più efficienti, l'integrazione delle persone con disabilità e la digitalizzazione del patrimonio culturale europeo potrebbero essere affrontati in maniera molto più efficace sfruttando appieno il potenziale delle ICT.

Nell'intento di *superare le carenze indicate* l'Agenda Digitale Europea individua le *azioni fondamentali* per affrontare in modo sistematico queste sette aree problematiche, attraverso un'iniziativa a sviluppo orizzontale, che copre le tre dimensioni di crescita definite nella strategia Europa 2020. Le **101 azioni individuate** sono un insieme di programmi finalizzati al miglioramento socio-economico dell'Europa, sui quali la

Commissione continuerà a vigilare allo scopo di rimuovere eventuali ulteriori ostacoli. Si tratta di azioni correlate alle carenze individuate e sono quindi conseguentemente raggruppate in *sette aree prioritarie* che sono state denominate **Obiettivi**[18].

> **Obiettivo I: mercato unico digitale**
>
> Troppe sono le barriere che ancora bloccano la libera circolazione dei servizi on-line e d'intrattenimento quando si esce dai confini nazionali. L'agenda digitale vuol aggiornare le norme UE sul mercato unico in ambito digitale. Gli obiettivi sono l'aumento dell'attività di download di musica, la creazione di una realtà omogenea per i pagamenti online e l'incremento della protezione per i consumatori che operano nel cyberspazio.

- **Azione 1**: Semplificare il rilascio delle licenze europee per le opere (musica, film, immagini e altro ancora) distribuite su piattaforme on-line, garantendo la governance europea del diritto d'autore e proponendo una direttiva quadro sulla gestione collettiva di tali diritti.

   I consumatori che vogliono accedere ai contenuti scelti in qualsiasi momento e su una vasta gamma di dispositivi ripongono grandi aspettative ma l'Europa manca di un mercato unificato per i contenuti online, e gli autori vengono privati di cospicue entrate a causa dei mercati illegali che nascono per colmare le lacune derivate dalla normativa carente in materia di licenze. La Commissione ha proposto una normativa sulla *gestione dei diritti collettivi* nel mese di luglio 2012 e nel corso del 2013 collaborerà con il Parlamento europeo e il Consiglio per garantire una rapida adozione della proposta di legge.

- **Azione 2**: Creare un quadro normativo che faciliti la digitalizzazione e la diffusione delle opere culturali in Europa, comprese quelle orfane (proprietario del copyright sconosciuto) e quelle esaurite (copyright scaduto), il blocco dell'accesso online ai prodotti coperti da copyright culturali e la predisposizione di un database contenente le informazioni sui diritti.

   L'Europa si propone di mettere vaste risorse culturali a disposizione di tutti gli europei attraverso le biblioteche digitali (*Europeana - biblioteca digitale europea*) e ciò richiede un chiaro quadro giuridico europeo per consentire la

---

[18] *Commissione europea - Agenda digitale per l'Europa* - http://ec.europa.eu/digital-agenda/en/our-goals/, ultima consultazione: 06/05/2013

digitalizzazione e la diffusione ulteriore delle nostre risorse letterarie, musicali ed artistiche.

La Commissione ha emanato la direttiva sulle opere orfane, adottata dal Parlamento europeo nel settembre 2012, ed assisterà gli Stati membri nel recepimento della direttiva.

- **Azione 3**: Revisione della direttiva sull'applicazione e sulla tariffazione relativa al riutilizzo dell'informazione del settore pubblico.

Le autorità pubbliche producono grandi quantità di dati (informazioni del settore pubblico quali GPS, previsioni del tempo, notizie finanziarie e assicurative) che potrebbero essere utilizzati per sviluppare nuove ed innovative applicazioni e servizi elettronici stimati in € 32 miliardi. Il loro riutilizzo, a condizioni trasparenti ed efficaci, potrebbe generare nuove imprese e posti di lavoro e fornire ai consumatori ulteriori opportunità.

La proposta avanzata nel dicembre 2011 dalla Commissione consiste nell'introdurre norme generali per il riutilizzo, anche commerciale, dei documenti in possesso degli enti pubblici, comprese biblioteche, musei e archivi definendo i controlli delle autorità pubbliche per gestire le richieste e gli importi delle commissioni da pagare. L'adozione della direttiva modificata è prevista nella primavera del 2013 mentre sono in corso azioni promozionali e di sensibilizzazione attraverso seminari e workshop organizzati dagli Stati membri e dalle parti interessate.

- **Azione 4**: Avviare una rapida discussione tra i soggetti interessati per stimolare un mercato digitale on-line a contenuto creativo e del relativo diritto d'autore che in Europa è in ritardo. Sbloccare questa parte del mercato unico digitale aiuterebbe la ripresa economica in Europa, uno degli obiettivi chiave della strategia Europa 2020.

La Commissione ha individuato una serie di questioni specifiche da affrontare ed armonizzare, incluso quella della portabilità dei contenuti, dei dati e dei testi generati dagli utenti, della copia ad uso privato e dell'accesso alle opere audiovisive e del patrimonio culturale. Nel 2013 la Commissione svolgerà azioni parallele per esplorare le potenzialità e i limiti della concessione di licenze innovative e delle soluzioni tecnologiche per il diritto comunitario d'autore dell'era digitale. Inoltre, avvierà studi di mercato e valutazioni d'impatto sulla stesura di norme per il 2014.

- **Azione 5**: Semplificare la distribuzione di contenuti creativi attraverso la predisposizione di un Libro Verde che affronti le opportunità e le sfide di distribuzione online di opere audiovisive a contenuto creativo. La distribuzione digitale di contenuti audiovisivi è più economica e più veloce rispetto ai sistemi di distribuzione tradizionali e consente agli autori e fornitori di contenuti di raggiungere un pubblico nuovo e più vasto. Si tratta di un mercato in rapido sviluppo in Europa, che avrà un impatto enorme sulla produzione di contenuti tradizionali e di strutture di distribuzione. I mercati audiovisivi europei sono molto frammentati, impedendo agli operatori di realizzare economie di scala e di diventare importanti concorrenti a livello mondiale. I consumatori spesso non hanno la possibilità di vedere programmi televisivi o film importanti in versione originale prodotti oltre i confini nazionali.

- **Azione 6**: Rafforzare la protezione contro le persistenti violazioni dei diritti di proprietà intellettuale in ambiente on-line, in conformità con le garanzie personali fornite nel quadro delle telecomunicazioni e dei diritti fondamentali in materia di protezione dei dati e della privacy.

  La Commissione si è impegnata a esaminare come migliorare il diritto d'autore in generale considerando che la violazione di massa del copyright in internet potrebbe essere ridotto se i consumatori avessero la possibilità di accedere legalmente ai contenuti, ad un prezzo ragionevole, e rivedendo con i titolari dei diritti e gli intermediari il valore dei contenuti creativi.

- **Azione 7**: Fissare la data per completare la migrazione all'Area Unica dei Pagamenti in Euro (Single European Payment Area - SEPA) attraverso una comunicazione sulla fatturazione elettronica e l'istituzione di un forum tra le parti interessate.

  L'Area Unica dei Pagamenti in Euro potrebbe generare benefici netti di € 123 miliardi in sei anni per il mercato nel suo complesso. Strumenti di pagamento come i *bonifici* e gli *addebiti diretti* riducono i costi dei pagamenti, aumentano la concorrenza e rendono i pagamenti transfrontalieri facili quanto quelli nazionali.

La sostituzione delle fatture cartacee con *fatture elettroniche* in tutta l'UE potrebbe portare a circa € 240 miliardi di risparmio in sei anni, e diventerebbero il metodo predominante di fatturazione in Europa entro il 2020.

In particolare il *settore pubblico* si gioverebbe di un risparmio di circa € 1 miliardo all'anno ricorrendo al formato elettronico. Nel secondo atto per il mercato unico, la Commissione annuncia un ulteriore azione sulla fatturazione elettronica, che mira a *rendere standard la fatturazione in materia di appalti pubblici*[19]. Il regolamento della Commissione prevede di migrare ai bonifici e agli addebiti diretti paneuropei entro il 1° febbraio 2014[20]. Per avviare il Libro verde su un mercato europeo integrato dei pagamenti con carte, internet e mobile, ha aperto una consultazione pubblica richiesta dalla Commissione[21] che prevede specifiche azioni di follow-up a partire dal 2° trimestre del 2013[22].

- **Azione 8**: Revisione della direttiva sulla firma elettronica. Questa azione è stata fusa con l'Azione 83 sul *reciproco riconoscimento dell'identificazione elettronica*, per fornire un quadro completo, al fine di stimolare la responsabilizzazione dell'utente, la convenienza e la fiducia nel mondo digitale.

A livello dell'UE vige un quadro giuridico globale solo per le firme elettroniche (direttiva 1999/93/CE), ma non per l'e-identificazione (eID), né per gli altri servizi fiduciari sicuri. L'accesso ai servizi online transfrontalieri favorirà i viaggi, il lavoro e lo studio in tutta l'Unione ed offrirà nuove opportunità di business per i fornitori di servizi di amministrazione fiduciaria e dei prodotti come è indicato nella strategia Europa 2020.

La Commissione ha proposto il 4 giugno 2012 il regolamento in materia di identificazione elettronica e amministrazione fiduciaria per le transazioni elettroniche, nel mercato interno, inserito in un quadro olistico e completo. Esso

---

[19] Ulteriori informazioni possono essere trovate nel documento *Communication From The Commission To The European Parliament, The Council, The European Economic And Social Committee And The Committee Of The Regions* - Single Market Act II - Brussels, 3.10.2012 - COM(2012) 573 final http://ec.europa.eu/internal_market/smact/docs/single-market-act2_en.pdf, ultima consultazione: 06/05/2013
[20] Informazioni più dettagliate possono essere trovate nel documento *Il ruolo della Commissione nel SEPA* - http://ec.europa.eu/internal_market/payments/sepa/ec_en.htm, ultima consultazione: 16/042013
[21] Maggiori dettagli sul Libro verde si possono trovare sul documento *Libro verde Carta, internet e pagamenti mobile* - http://ec.europa.eu/internal_market/payments/cim/index_en.htm, ultima consultazione: 16/04/2013
[22] Per gli aspetti legali relativi ad IVA e fatturazione elettronica, vedere l'azione 11.

fornisce un ambiente affidabile, sicuro e prevedibile che consente lo sviluppo di servizi sicuri transfrontalieri e opportunità di business di cui potranno usufruire le imprese e i cittadini.

- **Azione 9**: Aggiornare la direttiva sul commercio elettronico. L'Agenda digitale per l'Europa ha fissato gli obiettivi per l'e-commerce da perseguire entro il 2015:
  ✓ il 50% della popolazione dovrebbe acquistare on-line;
  ✓ il 20% dovrebbe comprare oltre confine;
  ✓ il 33% delle PMI dovrebbe effettuare acquisti on-line.

A tutt'oggi l'e-commerce resta poco sviluppato nell'UE ed i consumatori e le imprese hanno difficoltà di accesso ai negozi on-line e nell'offrire i loro servizi in altri paesi dell'UE.

Un vero e proprio mercato unico del digitale dovrebbe generare nuovi tipi di crescita che si prevede possano essere almeno pari al 4,1% del PIL entro il 2020, vale a dire 500 miliardi di euro o 1000 euro per cittadino.

La Commissione ha concluso che non era necessaria alcuna direttiva sul commercio elettronico ed ha adottato la *Comunicazione sul Commercio Elettronico*[23] nel gennaio 2012, contenente *16 azioni* volte a raddoppiare il volume del commercio elettronico entro il 2015.

- **Azione 10**: Attuare rapidamente e in modo coerente la direttiva sui *Servizi sui Media Audiovisivi (SMA)* riguardante la direttiva sui servizi, la direttiva sulle pratiche commerciali sleali, il quadro normativo delle telecomunicazioni e per garantire l'attuazione delle disposizioni della direttiva sui servizi dei media audiovisivi.

La Commissione ha istituito il BEREC, che è una struttura divenuta autonoma nel settembre 2011, incaricato di facilitare la cooperazione tra le autorità nazionali di regolamentazione e la Commissione per promuovere il mercato unico digitale.

Le misure nazionali dovevano essere presentate entro il 25 maggio 2011 e la relativa valutazione e stata pubblicata l'anno successivo. Nel 2013 la Commissione pubblicherà un Libro verde sulla convergenza audiovisiva e

---

[23] Il documento a titolo *Comunicazione sul commercio elettronico e altri servizi on-line (2012)* è consultabile al sito http://ec.europa.eu/internal_market/e-commerce/communications/2012/index_en.htm, ultima consultazione: 06/05/2013

lancerà una consultazione pubblica sulle questioni relative al mercato unico digitale.

- **Azione 11**: Recepire la direttiva IVA per garantire parità di trattamento nella fatturazione elettronica e cartacea.

Solo in un mercato dei pagamenti integrato sarà possibile per le imprese e per i consumatori poter contare su sistemi sicuri ed efficienti per i pagamento online. Gli Stati membri hanno in passato adottato varie norme interne che disciplinano la validità e l'accettabilità delle bolle di spedizione e fatture nei rispettivi paesi per cui il mercato europeo è ancora frammentato (si veda anche l'Azione 7) ma in futuro le fatture elettroniche possono essere trattate in modo più rapido ed economico, senza ritardi postali e costi aggiuntivi.

Il 13 luglio 2010 il Consiglio ha adottato una direttiva (2010/45/UE recante modifica della direttiva 2006/112/CE) che stabilisce nuove norme IVA per la fatturazione elettronica e rimuove gli ostacoli alla diffusione mediante l'istituzione di *parità di trattamento tra cartaceo ed elettronico*, garantendo al contempo che non abbiano alcun valore i requisiti aggiuntivi imposti alle fatture cartacee. Gli Stati membri sono tenuti a recepire la presente direttiva nel diritto nazionale entro il 1° gennaio 2013.

- **Azione 12**: Rivedere le norme sulla protezione dei dati dell'UE per rafforzare i diritti individuali e affrontare le nuove sfide della globalizzazione e delle nuove tecnologie.

I cittadini dell'UE godono dei diritti alla protezione dei dati personali e della propria privacy nel mondo online che vengono codificati in leggi disomogenee e dettati da *approcci nazionali che possono variare notevolmente*. Tale diversità genera sfiducia tra i consumatori e rallenta la crescita dell'economia online in Europa.

Il 25 gennaio 2012 la Commissione ha proposto un regolamento sulla protezione dei dati, con l'obiettivo di modernizzare il quadro giuridico e rafforzare la fiducia dei consumatori europei. La Commissione sta attualmente operando con il Parlamento e il Consiglio per l'adozione definitiva del regolamento.

- **Azione 13**: Completare la direttiva sui diritti dei consumatori in particolare per quanto riguarda l'ambiente online, per superare la frammentazione del diritto contrattuale.

Ogni Stato membro dell'Unione europea ha le sue regole contrattuali spesso differenti da un paese all'altro. Ciò costituisce un ostacolo per il buon funzionamento del mercato a livello transfrontaliero, a causa degli *elevati costi di conformità per entrare nei mercati esteri*, che comunque vengono alla fine trasferiti sui consumatori che devono pagare prezzi più elevati.

La Commissione ha adottato una proposta legislativa nel mese di ottobre 2011 per il diritto comune europeo della vendita che integra la direttiva sui diritti dei consumatori dei 27 paesi dell'UE. La proposta fornisce un insieme di regole, che l'acquirente e il venditore possono concordare di utilizzare, e contribuirà ad abbattere le barriere commerciali andando a beneficio dei consumatori, assicurando una più ampia scelta ed un elevato livello di protezione.

- **Azione 14**: Esplorare le possibilità di risoluzione alternativa delle controversie transfrontaliere per le operazioni di commercio (cfr. anche le azioni 1, 4 e 9).

Nel 2009 solo l'8% dei consumatori dell'UE ha acquistato beni e servizi on-line da un fornitore di un altro Stato per *mancanza di fiducia negli acquisti online*, ritenendo difficile ottenere un eventuale risarcimento in presenza di diverse giurisdizioni. La Risoluzione Alternativa delle Controversie (Alternative Dispute Resolution - ADR) è un meccanismo, che di solito fa ricorso a un terzo, che aiuta a risolvere il contenzioso quando le due parti di una controversia non riescono ad accordarsi. È in grado di offrire un risarcimento semplice, rapido e a basso costo per i consumatori ed è anche uno strumento essenziale per mantenere la reputazione aziendale. La direttiva sulla Mediazione europea (2008)[24] contempla espressamente la cosiddetta *mediazione obbligatoria* e alcuni paesi, in particolare del mondo anglosassone, sono fortemente a favore del ricorso alla mediazione per risolvere le controversie.

Nel novembre 2011, la Commissione ha pubblicato un quadro di riferimento per i processi di risoluzione alternativa delle controversie a livello europeo e la

---

[24] La *direttiva sulla mediazione europea (2008)* è consultabile all'indirizzo
http://eur-lex.europa.eu/LexUriServ/LexUriServ.do?uri=OJ:L:2008:136:0003:0008:EN:PDF, ultima consultazione: 16/04/2013

creazione di un *sistema europeo di risoluzione delle controversie on-line* per le transazioni e-commerce. Il processo legislativo è in corso di perfezionamento.

• **Azione 15**: Identificare un approccio europeo coerente per il ricorso collettivo.

Il comportamento illegale di un operatore nelle transazioni on-line può danneggiare gli interessi di un gran numero di consumatori che possono essere in difficoltà nel far valere i propri diritti. Adottare meccanismi di ricorso collettivo potrebbe porre rimedio alle carenze riscontrate ma le parti interessate non sembrano condividere questa convinzione, pertanto la Commissione ha deciso che era prematuro avviare interventi politici in questo settore. Questa azione è legata l'iniziativa sulla risoluzione alternativa delle controversie (cfr. Azione 14).

• **Azione 16**: Rilasciare il codice dei diritti online che riassuma, in modo chiaro e accessibile, i diritti degli utenti digitali nell'UE.

L'Agenda digitale per l'Europa riconosce l'importanza di rafforzare la fiducia nel digitale e la difficoltà per i cittadini di essere pienamente consapevoli e comprendere i loro diritti esistenti nell'ambiente digitale. I consumatori ritengono non del tutto attendibile il cyberspazio e, di conseguenza, hanno timore nell'utilizzare i servizi on-line, non ritenendosi adeguatamente tutelati i loro diritti.

Il *Codice Dei Diritti Online*[25] nell'UE è stato già rilasciato nel dicembre 2012 e contiene spiegazioni semplici e codificate dei diritti e doveri dei consumatori. I cittadini dell'UE godranno così di una serie di diritti rilevanti per l'ambiente digitale, raccolti in un unico documento. I consumatori online saranno così informati in merito alla libertà di espressione e d'informazione, alla protezione

---

[25] Il *Codice Dei Diritti Online* raccoglie i diritti esistenti nella legislazione comunitaria e in materia di ambiente digitale. Diviso in tre sezioni ed 11 capitoli che riguardano i seguenti argomenti: *SEZIONE I: Diritti e principi applicabili nell'accesso e nell'utilizzo dei servizi on-line* - 1) Accesso alle reti e servizi di comunicazione, 2) Accesso ai servizi e alle applicazioni di vostra scelta, 3) non discriminazione dei servizi forniti on-line, 4) Privacy, protezione dei dati personali e sicurezza. *SEZIONE II: Diritti e principi applicabili quando si acquistano beni o servizi on-line* - 5) Informazioni prima della conclusione di un contratto on-line, 6) Informazioni contrattuali tempestive, chiare e complete, 7) Condizioni contrattuali eque, 8) Protezione contro le pratiche sleali, 9) Fornitura di beni e servizi senza difetti e in tempo utile, 10) Il recesso da un contratto . SEZIONE III: Diritti e principi per la protezione in caso di conflitto - 11) Accesso alla giustizia e risoluzione delle controversie. Per maggiori informazioni consultare il sito http://ec.europa.eu/digital-agenda/code-eu-online-rights, ultima consultazione: 06/05/2013

dei dati personali e della vita privata, ai requisiti di trasparenza, alla disponibilità di servizi internet funzionali ed universali e del livello minimo di qualità dei servizi offerti.

- **Azione 17**: Creazione di una piattaforma delle parti interessate ai marchi di qualità online, in particolare per i siti web di vendita al dettaglio.

In alcuni paesi, esistono marchi di qualità e fornitori di marchi di fiducia che consentono ai fornitori di dichiarare ai consumatori la conformità del processo ad un certo insieme di regole. Inoltre, tali marchi possono essere certificati in base a un sistema di certificazione nazionale e il processo di certificazione può essere sottoposto al controllo dall'autorità competente.

Il marchio vuol garantire la qualità e la sicurezza della transazione online, contribuendo ad aumentare la fiducia dei consumatori nel cyberspazio, a condizione che siano effettivamente certificati ed individuabili da parte dei consumatori attraverso un *processo di accreditamento*, unificato in ambito europeo, che rassicuri ogni realtà nazionale circa l'affidabilità degli operatori.

La Commissione ha condotto uno studio comparativo sui sistemi dei marchi negli Stati membri dell'UE e discusso la questione nel corso dell'Assemblea dell'Agenda digitale 2012. Continuerà con l'elaborazione di diverse opzioni politiche a sostegno di una effettiva cooperazione nella governance dei marchi.

- **Azione 18**: Adottare nuove regole per l'armonizzazione a livello comunitario dei numeri di telefono di utilità sociale.

L'Agenda Digitale Europea prevede una migliore armonizzazione dei regimi nazionali di numerazione convogliando, in un unico numero europeo, i servizi di vendita, post-vendita e d'informazione dei clienti oltre al migliore funzionamento dei numeri di utilità sociale[26]. Grazie alla prevista distribuzione a

---

[26] Per ulteriori approfondimenti consultare i documenti:
- *112 - Il numero di emergenza europeo*
  http://ec.europa.eu/information_society/activities/112/index_en.htm, ultima consultazione: 06/05/2013
- *116, diritti del fanciullo -*
  http://ec.europa.eu/justice/fundamental-rights/rights-child/hotline/index_en.htm, ultima consultazione: 16/04/2013
- *Manca conferenza Bambini*: colmare le lacune - 116 000 hotline e figlio sistemi di allarme rapimento
  http://ec.europa.eu/justice/events/missing-children/index.html, ultima consultazione: 06/05/2013
- *Indagine sui numeri armonizzati destinati a servizi di valore sociale*-116
  http://ec.europa.eu/public_opinion/archives/ebs/ebs_387_en.pdf, ultima consultazione: 06/05/2013
- eCall sicurezza - http://ec.europa.eu/information_society/activities/esafety/ecall/index_en.htm, ultima consultazione: 06/05/2013

livello europeo del *numero di emergenza 112* e del *numero diretto per i minori scomparsi 116 000*, chiunque potrà telefonare ai servizi di emergenza in qualsiasi altro Stato membro, senza dover ricordare 27 diversi numeri telefonici di emergenza nazionali. Nel dicembre 2012, la maggior parte delle assegnazione dei numeri di emergenza e a valenza sociale non erano ancora operativi in tutti gli Stati membri. Anche l'attività di collegamento del sistema di emergenza 112, attraverso un eCall europeo, è in ritardo, come peraltro lo sono le procedure di armonizzazione delle restanti numerazioni.

La Commissione ha organizzato una consultazione pubblica sulla futura armonizzazione delle risorse di numerazione per la fornitura di servizi alle imprese. Nel 2012 ha presentato una relazione sull'attuazione dei servizi e ha continuato a monitorare lo stato di avanzamento dei lavori. Attraverso GSM Association ha promosso una coalizione di operatori di telecomunicazioni per ottimizzare la pubblicità per i servizi di emergenza e sociali attraverso il web, i messaggi di testo e le bollette.

- **Azione 19**: Coordinare le condizioni tecniche e normative che si applicano all'uso dello spettro delle frequenze radio e, se necessario, armonizzare le bande in modo che i consumatori siano in grado di *utilizzare gli stessi dispositivi elettronici in tutta l'UE*.

La gestione delle frequenze nell'Unione europea resta un settore di competenza degli Stati membri pertanto non è garantito il funzionamento dei dispositivi elettronici in tutta l'UE. Per garantire che tutti i cittadini dell'UE possano beneficiare delle innovazioni wireless e l'utilizzo dei dispositivi, le onde radio devono essere comuni in tutta l'UE, come peraltro già avviene per molti prodotti e applicazioni (GSM e Wi-Fi). La concorrenza globale nelle apparecchiature senza fili sta crescendo e attraverso l'attuazione del Programma di Spettro Radio[27] (Radio Spectrum Policy Programme - RSPP) l'Unione europea può sostenere i consumatori e le imprese nell'uso e nello sviluppo di servizi transfrontalieri.

- **Azione 20**: Analizzare il costo conseguente alla mancata adozione di un vero e proprio mercato unico per le comunicazioni.

---

[27] Per maggiori informazioni consultare il sito *Politica dello spettro radio dell'UE* all'indirizzo http://ec.europa.eu/information_society/policy/ecomm/radio_spectrum/eu_policy/index_en.htm, ultima consultazione: 16/04/2013

Uno dei principali obiettivi dell'Agenda digitale è quello di affrontare la frammentazione e la regolamentazione del mercato. Il 27 febbraio 2012, la Commissione ha pubblicato i risultati di una indagine nel settore delle comunicazioni elettroniche condotte da un team di consulenti e accademici internazionali. I risultati mostrano che i guadagni annuali che deriverebbero dalla costruzione di un vero e proprio mercato interno ammonterebbero allo 0,9% del PIL pari a 110 miliardi di euro all'anno.

I principali ostacoli al mercato unico che sono stati individuati nella mancanza o nell'eterogeneità delle norme per l'interoperabilità, in materia di telecomunicazioni e nel disegno degli attuali accordi istituzionali che sostengono il funzionamento del mercato per le reti di comunicazione elettronica e dei servizi a livello nazionale e comunitario.

- **Azione 101**: Cercare soluzioni durature per il mercato dei servizi di telecomunicazione, sia voce che dati, annullando la differenza tra roaming e le tariffe nazionali entro il 2015.

Non sono giustificabili le attuali differenze tra i costi della fornitura di servizi di roaming e servizi mobili nazionali. A partire dal 1 luglio 2012 è entrato in vigore il regolamento approvato dal Parlamento europeo per la vendita di servizi di roaming al dettaglio che dovrà essere attuato entro il 1° luglio 2014 e che dovrà portare alla normalizzazione coordinata dei servizi.

> **Obiettivo II: Interoperabilità e standard**

L'Europa deve garantire che i nuovi dispositivi IT, le applicazioni, gli archivi di dati e servizi interagiscono senza soluzione di continuità sempre ed ovunque, così come avviene con Internet. L'agenda digitale ricerca il miglioramento delle norme e delle procedure per una maggiore interoperabilità.

- **Azione 21**: revisione della normativa e della standardizzazione sull'interoperabilità. La frammentazione del mercato delle tecnologie, dei prodotti e dei servizi ostacola la crescita nel settore delle ICT in Europa, mentre i dispositivi digitali, le applicazioni ed servizi dovrebbero interagire anche oltre i confini. Sono necessarie norme relative alle ICT e standard europei inseriti nel quadro comunitario di normalizzazione per mantenere il passo con la rapida evoluzione del mercato tecnologico internazionale.

La Commissione europea ha adottato un pacchetto di riforme relative alla normalizzazione europea, raccolte nel regolamento (UE - N. 1025/2012) approvato dal Parlamento europeo e dal Consiglio in ottobre 2012, pubblicato nella Gazzetta ufficiale dell'Unione europea con il numero L 316.

La Commissione europea ha il ruolo di fornire consulenza sulle questioni relative all'attuazione della politica di normalizzazione nel settore delle ICT. Sarà quindi facilitato l'utilizzo delle specifiche tecniche che disciplinano la realizzazione tecnica di Internet, le autorità pubbliche incontreranno minori vincoli nella scelta dei propri fornitori ed i consumatori avranno una scelta più ampia di prodotti ad un prezzo inferiore.

- **Azione 22**: Promuovere la definizione delle linee guida per i diritti fondamentali di proprietà intellettuale e le condizioni di licenza.

Le standardizzazioni possono provocare effetti restrittivi sulla concorrenza e limitare la produzione, i mercati, l'innovazione o lo sviluppo tecnico non lasciando spazio alle tecnologie alternative in contrasto con le norme fissate ed escludendole dal mercato. Ciò costituisce un limite alla libera concorrenza che escluderebbe alcune società dal processo di normazione.

La Commissione europea ha adottato e pubblicato le regole rivedute per la valutazione degli accordi di cooperazione orizzontale in materia di concorrenza e sull'applicabilità del trattato per la cooperazione orizzontale (brevetti e diritti di proprietà intellettuale nel settore delle ICT, aumento della trasparenza delle licenze attraverso pool di brevetti, attuazione di norme Open Source con condizioni eque, ragionevoli e non discriminatorie).

La Commissione europea seguirà l'impatto delle linee guida con attenzione, continuando l'interazione con le parti interessate.

- **Azione 23**: predisporre linee guida per la stesura degli standard per i capitolati sugli appalti pubblici per la messa in servizio di hardware e software fornito da enti esterni.

Le pratiche delle autorità pubbliche in tutta l'UE variano molto quando si tratta di scrivere il capitolato per gli appalti pubblici, spesso non sufficientemente flessibili, per consentire scelte aperte all'evoluzione tecnologica. La Commissione elaborerà linee guida dettagliate su come utilizzare al meglio le norme relative all'ICT nel capitolato d'oneri che consenta di individuare standard e consentendo una maggiore partecipazione di fornitori ICT (Cfr. anche l'azione 26).

Attraverso studi e seminari per valutare le procedure degli appalti pubblici la Commissione europea ha sviluppato linee guida per aiutare i committenti pubblici nell'acquisto di prodotti e servizi ICT standard. Nel 2012 si è tenuta una consultazione Internet e nel 2013 si intende adottare la comunicazione in materia di *normalizzazione degli appalti pubblici di beni e servizi ICT*.

- **Azione 24**: Adottare una strategia europea per l'interoperabilità e il coordinamento tra le autorità pubbliche per i servizi digitali ed i sistemi informativi pubblici in tutta l'UE.

  Nello stabilire i servizi pubblici gli Stati membri corrono il rischio di optare per soluzioni che sono incompatibili tra loro, innalzando barriere elettroniche che impedirebbero il corretto funzionamento del mercato interno.

  La Commissione ha adottato una comunicazione dal titolo *Verso l'interoperabilità dei servizi pubblici europei* per promuovere l'interoperabilità tra le pubbliche amministrazioni. La comunicazione prevede due allegati: *la strategia europea di interoperabilità* e *il quadro europeo di interoperabilità* (Vedi anche altre Azioni nell'ambito di questo obiettivo: 21, 22, 23, 25 26 e 27).

- **Azione 25**: Identificare misure per portare gli attori del mercato a fornire significative informazioni sulle licenze di interoperabilità. Le aziende dovrebbero fornire le informazioni di interoperabilità sui loro prodotti per consentire alle imprese più piccole di sviluppare prodotti compatibili. Il risultato finale sarà un mercato estremamente competitivo.

  Una consultazione pubblica, rivolta ai proprietari ed agli utenti potenziali, si è chiusa nel giugno 2012 e la Commissione sta valutando misure per facilitare l'accesso e la concessione di licenze sull'interoperabilità i cui risultati sono attesi nei primi mesi del 2013.

- **Azione 26**: La Commissione ha adottato una risoluzione sul *Quadro europeo di interoperabilità* che devono adottare tutti gli stati membri, in ambito nazionale, entro il 2013 e che verrà monitorato dall'EU attraverso azioni di supporto, tra cui la sensibilizzazione e lo scambio di informazioni. Lo scopo è quello di limitare le barriere virtuali che stanno alzando i mercati interni.

- **Azione 27**: Gli Stati membri devono rispettare gli impegni assunti in materia di interoperabilità e gli standard previsti dagli accordi di Malmö[28] (le amministrazioni pubbliche si sono impegnate a promuovere standard aperti per facilitare il percorso per i nuovi prodotti e ad allineare i quadri nazionali di interoperabilità applicabili in ambiti europei) e di Granada (completa la dichiarazione di Malmö sull'e-Government, incoraggiando lo sviluppo di servizi pubblici interoperabili più efficienti e promuove il riutilizzo delle informazioni del settore pubblico, per aumentare l'efficienza della governabilità, portare a una riduzione misurabile degli oneri amministrativi per i cittadini e le imprese e a contribuire ad un'economia a basse emissioni di carbonio).

Questa azione è considerata un ombrello per l'Interoperabilità ed un obiettivo standard dell'agenda digitale ma l'Europa non è ancora in grado di ricavare i massimi benefici dall'interoperabilità in conseguenza della carenze nella definizione degli standard, negli appalti pubblici e nel coordinamento tra le autorità pubbliche europee.

La Commissione europea ha pubblicato le Linee guida per gli appalti pubblici di sistemi ICT[29] che forniranno indicazioni circa il legame tra standardizzazione delle ICT e appalti pubblici, per aiutare le autorità pubbliche a utilizzare le norme per promuovere l'efficienza e ridurre l'effetto d'immobilizzo (lock-in).

---

[28] I dettagli della *dichiarazioni di Malmö e Granada* sono disponibili sul sito web di attuazione DAE - http://www.daeimplementation.eu/dae_actions.php?action_n=27, ultima consultazione: 16/042013
[29] Informazioni approfondite sulle *Linee guida per gli appalti pubblici di sistemi ICT* sono disponibili sul sito http://cordis.europa.eu/fp7/ict/ssai/study-action23_en.html, ultima consultazione: 06/05/2013

> **Obiettivo III: Fiducia e sicurezza**

L'agenda digitale propone una serie di soluzioni pratiche, tra cui una risposta europea coordinata ai cyber-attacchi e le norme rafforzate in materia di protezione dei dati personali. Le minacce derivanti dal software dannoso e le frodi informatiche disorientano i consumatori e limitano l'economia on-line (solo il 12% degli utenti web europei si ritengono al sicuro nell'effettuare transazioni on-line).

• **Azione 28**: Rafforzamento della sicurezza delle reti, implementazione del loro livello di sicurezza e attuazione di misure che consentano reazioni più rapide in caso di attacchi informatici. Internet deve poter resistere ad ogni tipo di minacce e gli enti pubblici e le aziende private devono migliorare lo scambio di informazioni per garantire che i problemi di sicurezza siano affrontati in modo rapido ed efficace.

La Rete europea di informazione e Sicurezza (European Network Information and Security Agency - ENISA[30]) funge da punto di raccordo per lo scambio e la cooperazione, mentre per reagire più rapidamente ed efficacemente alle minacce in tempo reale, nel caso di attacchi informatici, è stata istituita in Europa un'ampia rete di squadre di pronto intervento informatico (Computer Emergency Response Team - CERT[31]).

• **Azione 29**: Misure per combattere gli attacchi contro i sistemi di informazione e per la formalizzazione, entro il 2013, delle norme per la protezione del cyberspazio in ambito sia europeo che internazionale. Gli attacchi terroristici o di matrice politica contro i sistemi di informazione sono una minaccia che crea una crescente preoccupazione per i danni che possono arrecare all'infrastrutture critiche degli Stati dell'Unione. Viene richiesta la modifica della legislazione penale in materia di attacchi contro i sistemi di informazione con l'obiettivo principale di dotare le autorità comunitarie di strumenti di contrasto potenziati.

---

[30] European Network and Information Security Agency - ENISA sta aiutando la Commissione europea, gli Stati membri e la comunità imprenditoriale per affrontare, rispondere e soprattutto per prevenire i problemi di sicurezza delle reti e dell'informazione. Per ulteriori informazioni cfr.:
• *ENISA* - http://www.enisa.europa.eu/, ultima consultazione: 06/05/2013
• Rapporto completo ENISA: ENISA Threat Landscape Published.pdf - Fornisce una panoramica delle minacce, insieme con le tendenze attuali ed emergenti. Si basa su dati pubblicamente disponibili e fornisce un parere indipendente sulle minacce rilevate, gli agenti delle minacce e le tendenze delle minacce. Sono stati analizzati oltre 140 notizie recenti del settore della sicurezza, delle reti di eccellenza, degli organismi di normalizzazione e di altri istituti indipendenti. Data di pubblicazione: 8 gennaio 2013.
[31] cfr. Azione 38 per ulteriori informazioni su CERT.

- **Azione 30**: Creare una piattaforma europea contro la crescente criminalità informatica avviando la raccolta, la comunicazione e lo scambio di dati e statistiche sui reati ad essa collegati. Il Centro Europol di criminalità informatica dell'UE, che si occupa del contrasto dei crimini online e della tutelare dei consumatori, in cooperazione con la Commissione europea, è stato invitato ad integrare le piattaforme nazionali in un'unica piattaforma cybercrime di allerta (Centro Europeo Cyber Crime). La piattaforma europea potrebbe fungere da centro per la raccolta e lo stoccaggio di informazioni sui reati a mezzo Internet e per le rilevazioni statistiche periodiche sulla criminalità informatica.

- **Azione 31**: La Commissione ha condotto uno studio per la creazione di un centro paneuropeo di criminalità informatica in relazione alle azioni 30 e 41. Lo studio di fattibilità ha portato alla decisione di istituire, in ambito Europol, un centro criminalità informatica (EC3) nel gennaio 2013.

- **Azione 32**: Rafforzare la lotta contro la criminalità informatica a livello internazionale poiché la pervasività dell'ICT e l'interconnessione globale di Internet amplifica il rischio di minacce che possono provenire da qualsiasi parte del mondo. Per lottare efficacemente contro queste minacce viene istituito un Forum europeo di discussione tra le autorità pubbliche nazionali e di integrazione delle politiche nazionali di gestione del rischio. Sul piano internazionale si prevede di consolidare le relazioni UE-USA, e di esplorare sulle possibili cooperazioni con altri partner strategici mondiali (Cyberstorm III, Cyber atlantica, Cyber Security, Mese europeo per la sicurezza informatica, Centro europeo di criminalità informatica (EC3), cooperazione con l'Interpol per il nuovo Centro che sta per essere istituito a Singapore).

- **Azione 33**: Supportare la sicurezza informatica sostegno di ENISA che coordinerà e faciliterà l'organizzazione di tutti gli Stati membri chiamati a contribuire alla creazione del piano per la sicurezza informatica di primo livello con l'intento di costruire la fiducia, aumentare la comprensione dei problemi e capire come operano i principali attori coinvolti.

- **Azione 34**: L'84% degli europei vorrebbe essere informato qualora i propri dati personali fossero stati smarriti, rubati o alterati. L'Unione europea sta modificando il quadro di riferimento normativo sulla protezione dei dati personali comprendendo l'estensione dell'obbligo di notifica delle violazioni sulla riservatezza ed alterazione dei dati.

- **Azione 35**: Fornire una guida per l'applicazione delle regole sulla privacy adottate per l'attuazione delle linee guida sulla tutela della vita privata e dei dati personali nelle telecomunicazioni. La riforma delle telecomunicazioni contiene numerose modifiche alla direttiva sulla privacy in ambito comunicazioni elettroniche e rafforza le norme in materia di accesso alle apparecchiature informatiche applicabili a malware, spyware e cookie. Gli Stati membri che non hanno attuato le norme previste entro il 25 maggio 2011 hanno visto l'avvio di *procedure di infrazione*.

- **Azione 36**: Nel 2012 è stata lanciata la *Strategia europea per un Internet migliore* per dare ai bambini le competenze digitali e gli strumenti di cui hanno bisogno per beneficiare pienamente e in sicurezza dei collegamenti on-line. Si tratta di un supporto di segnalazione per i contenuti illeciti (hotline) e per le campagne di sensibilizzazione in materia di sicurezza online per i bambini (Internet Watch Foundation ha segnalato nel 2009 1,316 domini con abusi su minori con il 44% delle immagini riferito allo stupro o alla tortura di bambini, per il 70% di età inferiore ai 10 anni). Le indicazioni intendono stimolare in ambiente on-line la produzione di creatività, l'istruzione, esperienze positive, consapevolezza e responsabilizzazione, alfabetizzazione digitale, sicurezza, impostazioni della privacy appropriate all'età, uso più ampio del controllo parentale e di classificazione in base all'età e al contenuto, contrasto alla diffusione di materiale sull'abuso e lo sfruttamento sessuale dei minori.

- **Azione 37**: Per garantire che bambini, genitori e insegnanti accedano agli strumenti giusti, ad Internet e alle nuove tecnologie in modo sicuro e per rendere Internet un posto migliore per i bambini *si punta all'autoregolamentazione dei fornitori di servizi* europei e mondiali (piattaforme di social networking, fornitori di comunicazioni mobili tramite telefoni cellulari e console di gioco), in particolare per quanto riguarda l'uso dei loro servizi da parte dei minori. Il programma SAFER Internet per l'autoregolamentazione è contenuto nel documento del 2012 *coalizione CEO*[32] sul quale è previsto di effettuare il follow-up.

- **Azione 38**: Istituire in ogni stato membro i CERT - Computer Emergency Response Teams per rispondere tempestivamente alle violazioni della sicurezza on-line. Per un buon funzionamento è previsto un collegamento in tempo reale, con squadre di pronto intervento informatico, stabilito in modo accentrato a livello europeo, per reagire più rapidamente alle minacce alla sicurezza. Dovrà fornire servizi di risposta immediati alle vittime di attacchi informatici, pubblicare avvisi riguardanti le minacce on-line e offrire altre informazioni per migliorare la sicurezza della rete e del computer.

- **Azione 39**: Effettuare simulazioni di attacchi informatici che coinvolgano gli stati membri sviluppando strategie di mitigazione qualora gli utenti di Internet siano sottoposti ad attacchi attraverso virus, worm e altre forme di malware. Sono richiesti piani di emergenza nazionali per affrontare gli attacchi informatici ed esercitazioni periodiche per rispondere ai grandi incidenti di sicurezza delle reti estese sull'intera comunità predisponendo piani di attuazione di disaster recovery in stretta collaborazione con gli altri stati.

- **Azione 40**: Dare piena attuazione al progetto per l'hotline di segnalazione dei contenuti illeciti in linea (cfr. azione 36), organizzare campagne di sensibilizzazione sulla sicurezza online dei bambini, insegnare la sicurezza online nelle scuole e incoraggiare i fornitori di servizi online ad implementare misure di autoregolamentazione in materia di sicurezza online per i bambini (cfr. azione 37) entro il 2013.

- **Azione 41**: Gli Stati membri dovrebbero istituire o adattare le piattaforme nazionali di segnalazione alla piattaforma di criminalità Europol entro il 2012.

---

[32] *Europe's Information Society* - Self regulation: responsible stakeholders for a safer Internet - Coalition to make the Internet a better place for kids - http://ec.europa.eu/information_society/activities/sip/self_reg/index_en.htm, ultima consultazione: 06/05/2013

➢ **Obiettivo IV: accesso a Internet veloce e ultra-veloce** - L'Agenda digitale mira a stimolare investimenti e a proporre un piano di frequenze per i nuovi servizi (come la televisione ad alta definizione e la videoconferenza) che necessitano di un *accesso a internet molto più veloce* di quanto generalmente disponibile in Europa. Per competere con i maggiori leader mondiali, come la Corea del Sud e il Giappone, l'Europa ha bisogno, entro il 2020, di *velocità di download di 30 Mbps* e di portare ad *almeno il 50% le famiglie europee che aderiscano a connessioni internet con velocità superiori a 100 Mbps.*

- **Azione 42**: Adottare una comunicazione che conduca l'UE verso il soddisfacimento degli obiettivi per la banda larga del 2020 in Europa. L'intervento pubblico è indispensabile per evitare il rischio che lo sviluppo di reti veloci si concentri in poche zone ad alta densità trascurando le zone rurali e più remote. Diffondere le reti veloci consente di ridurre i costi di sviluppo della banda larga nell'UE, ne garantisce la corretta pianificazione e coordinamento, riduce gli oneri amministrativi (cfr. azione 47) e rafforza l'uso dei Fondi strutturali e di sviluppo rurale (cfr. azione 48). Regole comuni sono state diffuse per lo sviluppo di piani operativi nazionali sulla banda larga (cfr. azione 46), per incoraggiare gli investimenti attraverso misure normative chiare ed efficaci (cfr. azione 45) e per dar corso ad un programma strategico in materia di spettro radio (cfr. Azioni 44 e 49).

- **Azione 43**: Rafforzare e razionalizzare il finanziamento delle reti ad alta velocità a banda larga attraverso strumenti adeguati (ad esempio FESR[33], FEASR[34]), per il periodo 2014-2020, ed approfondire come attrarre capitali dei privati, riluttanti a investire nello sviluppo delle reti, attraverso il miglioramento del credito (sostenuto dalla BEI[35] e fondi UE con uno stanziamento di € 9,2 miliardi) per la banda larga.

---

[33] Il Fondo Europeo di Sviluppo Regionale (FESR) è uno dei fondi strutturali dell'Unione Europea. È lo strumento principale della sua politica regionale ed è gestito dal commissario europeo per la politica regionale.

[34] Il Fondo Europeo Agricolo per lo Sviluppo Rurale (FEASR) è un fondo strutturale dell'Unione Europea relativo al sostegno allo sviluppo rurale, istituito col Reg. 1698/2005 del 20 settembre 2005 per sostituirsi ad una parte del precedente Fondo Europeo Agricolo di Orientamento e di Garanzia.

[35] La Banca europea per gli investimenti o BEI (Banque européenne d'investissement o European Investment Bank - EIB nella notazione in inglese) è l'istituzione finanziaria dell'Unione europea creata nel 1957, con il Trattato di Roma, per il finanziamento degli investimenti atti a sostenere gli obiettivi politici dell'Unione.

Lo scopo è di per consentire alle aziende di restare competitive e per permette ai consumatori di beneficiare di molti servizi on-line avanzati, nell'ottica del miglioramento complessivo della qualità della vita.

- **Azione 44:** Predisporre il programma per la politica coordinata e strategica dello spettro delle frequenze radio, al fine di aumentare l'efficienza della gestione delle radiofrequenze e massimizzare i benefici per i consumatori e l'industria. Il piano è stato adottato il 14 marzo 2012, quindi questa azione è da considerarsi *chiusa*. Per l'attuazione del RSPP - Radio Spectrum Policy Programme cfr. azione 49.

- **Azione 45:** Emettere una raccomandazione per incoraggiare gli investimenti nelle reti competitive di nuova generazione tramite misure normative chiare ed efficaci. É previsto l'abbandono delle reti via cavo per superare i relativi limiti di velocità.

- **Azione 46:** Gli Stati membri dovrebbero elaborare piani operativi nazionali sulla banda larga conformi per la copertura, la velocità e gli obiettivi definiti alle previsioni dell'Agenda digitale per l'Europa. La Commissione presenterà una relazione annuale sui progressi compiuti. Nel marzo 2012, la Commissione ha presentato un documento di lavoro sui piani nazionali banda larga che riassume lo stato dell'arte e fornisce un riferimento per sostenere e coordinare la pianificazione nazionale.

- **Azione 47:** Adottare misure, incluse le disposizioni giuridiche, per facilitare gli investimenti nella banda larga. Le misure dovrebbero garantire la disponibilità delle risorse, prevedere il coinvolgimento dei potenziali investitori, fissare i diritti chiari di passaggio, mappare le infrastrutture adatte per il cablaggio e l'aggiornamento del cablaggio degli edifici.

- **Azione 48:** Utilizzare totalmente i fondi strutturali e di sviluppo rurale già stanziati per gli investimenti in infrastrutture e servizi ICT. L'obiettivo da raggiungere è la copertura al 100% entro il 2013, quindi saranno necessari ingenti investimenti per costruire nuove reti, soprattutto nelle zone rurali e remote. Adeguati livelli di finanziamento devono pertanto essere mantenute al fine di raggiungere questo obiettivo.

- **Azione 49**: Attuazione del Programma europeo di definizione dello spettro delle frequenze radio in grado di garantire il coordinato necessario per raggiungere l'obiettivo del 100% di copertura della banda larga di 30 Mbps entro il 2020 e per lo sviluppo delle reti di accesso di nuova generazione (NGA - Next Generation Access Networks). Nel 2013 vengono monitorate le scadenze per i premi nazionali per la banda larga senza fili, tra cui la banda di 800 MHz, avviate le procedure amministrative, sviluppato l'inventario delle frequenze, promosso l'uso efficiente delle frequenze e verificata la conformità alla normativa per le connessioni senza fili basate su tecnologie Wi-Fi.

➤ **Obiettivo V: la ricerca e l'innovazione**

Per attirare in Europa le migliori menti per la ricerca sono fondamentali le infrastrutture di livello mondiale e adeguati finanziamenti. Attualmente, gli investimenti dell'UE nella ricerca sull'ICT è ancora meno della metà dei livelli degli Stati Uniti. L'Agenda Digitale cerca di mantenere il vantaggio competitivo dell'Europa attraverso un maggior coordinamento e l'eliminazione della frammentazione degli sforzi europei.

- **Azione 50**: Incentivare gli investimenti privati per la ricerca e l'innovazione attraverso investimenti privati ricorrendo all'uso strategico di accordi commerciali e partenariati tra pubblico e privato, usando i fondi strutturali per la ricerca e l'innovazione e mantenendo un incremento del bilancio pari al 20% di incremento annuo nell'Information and Communication Technology e nella Ricerca & Sviluppo. Rispetto ai principali partner commerciali, come gli Stati Uniti, la R & S in materia di ICT in Europa è del 17% contro il 29% e in termini assoluti rappresenta circa il 40% della spesa degli Stati Uniti (€ 37 miliardi contro i € 88 miliardi). La mancanza di investimenti nel settore della R & S è una minaccia per la produzione europea e per i servizi considerato che le ICT rappresentano una quota significativa del totale del valore aggiunto in Europa.

- **Azione 51**: Rafforzare il coordinamento e la condivisione delle risorse tra gli Stati membri e l'industria, e porre maggiore attenzione alla richiesta di partnership provenienti dagli investitori in ICT per la ricerca e l'innovazione.

- **Azione 52**: Proporre misure per un rapido ed agevole accesso ai fondi di ricerca dell'UE nel settore delle ICT.

- **Azione 53**: Assicurare un adeguato sostegno finanziario alle infrastrutture di ricerca ICT e ai poli di innovazione, sviluppare ulteriormente le infrastrutture elettroniche e stabilire una strategia dell'Unione europea per il Cloud Computing in pericolare per la governance e l'aspetto scientifico. La ricerca potrà avvenire sempre in *comunità di ricerca virtuali* che trascendono i confini nazionali, attraverso collaborazioni online e condivisione delle risorse. Il libero accesso ai dati e alle pubblicazioni dovrà essere garantito e comporterà anche consultazioni pubbliche con operatori industriali per stabilire orientamenti strategici e azioni prioritarie e per definire i programmi di lavoro in relazione soprattutto alle competenze Cloud Computing, alla conformità dei dati, all'interoperabilità e alla sicurezza informatica.

- **Azione 54**: Sviluppare con le parti interessate una nuova generazione di applicazioni web-based, servizi, prodotti e soluzioni in grado di migliorare e arricchire la nostra vita di tutti i giorni utilizzando tecnologie innovative e sostenendo norme e piattaforme aperte finanziate utilizzando contributi dell'UE.

- **Azione 55**: Gli Stati membri, entro il 2020, dovranno raddoppiare la spesa pubblica annuale complessiva per la ricerca e lo sviluppo di ICT passando da € 5,5 miliardi a € 11 miliardi.

- **Azione 56**: Impegnarsi in progetti pilota su larga scala per testare e sviluppare soluzioni innovative e interoperabili in settori di interesse pubblico. Sono stati emessi già 5 inviti a presentare proposte per l'aggregazione di contenuti culturali, la sperimentazione di dati relativi alla informazione geografica, l'implementazione dei servizi di assistenza integrati, sia sanitari e che sociali, la diffusione dei servizi di telemedicina per la gestione delle condizioni croniche, e per il raggiungimento degli obiettivi proposti nell'ambito del tema "*ICT per la salute, invecchiare bene e l'inclusione*" attraverso il partenariato europeo per l'innovazione sull'invecchiamento attivo e in buona salute (EIP AHA) e il piano d'azione eHealth[36].

---

[36] il piano d'azione eHealth è consultabile all'indirizzo http://ec.europa.eu/health/ageing/docs/consult_report_en.pdf, ultima consultazione: 06/05/2013

➤ **Obiettivo VI: Migliorare l'alfabetizzazione digitale, le competenze e l'inclusione**

Oltre il 50% degli europei usa giornalmente internet ma il 30% non l'ha mai usato. Inoltre, le persone con disabilità, incontrano particolari difficoltà nel trarre il massimo profitto dai nuovi contenuti elettronici e dai servizi. Considerato il crescere dell'attività effettuata on-line, viene *richiesta una maggiore capacità digitale per partecipare pienamente alla vita sociale e superare il divario digitale.*

- **Azione 57**: Proporre l'alfabetizzazione e le competenze digitali come una priorità per il regolamento del Fondo Sociale Europeo (2014-2020). Il 30% degli europei che non ha mai usato internet - per lo più anziani, disoccupati o persone a basso reddito - non hanno le competenze e i mezzi per utilizzare i media digitali rimanendo quindi esclusi dalla società di oggi. Inoltre, il 90% dei posti di lavoro nel prossimo futuro richiedono competenze informatiche di un certo livello.

- **Azione 58**: Sviluppare strumenti per identificare e riconoscere le competenze dei professionisti ICT e degli utenti, secondo i criteri previsti per le qualifiche europee.

- **Azione 59:** Dare priorità all'alfabetizzazione e alle competenze digitali che sono richieste per i nuovi posti di lavoro.

- **Azione 60:** Aumento della partecipazione delle donne nel mondo del lavoro ICT con il sostegno alle risorse basate sul web, la formazione e-learning e il social networking in quanto le donne sono sottorappresentate, in particolare in posizioni decisionali, per realizzare le pari opportunità e permettere loro di partecipare pienamente alla società dell'informazione.

- **Azione 61**: Sviluppare strumenti online per educare i consumatori e gli insegnanti ai nuovi media e per fornire loro informazioni personalizzate e materiale didattico (diritti dei consumatori su internet, commercio elettronico, protezione dei dati, educazione ai media, social network, ecc.). Gli utenti dovrebbero essere posti in grado di accedere ad informazioni di facile uso su come trarre il massimo vantaggio dalle tecnologie digitali.

- **Azione 62**: Proporre nel 2013 indicatori a livello comunitario per valutare le competenze digitali e l'alfabetizzazione mediatica. L'impossibilità di accedere o utilizzare le tecnologie dell'informazione e della comunicazione è diventato un ostacolo per l'integrazione sociale e lo sviluppo personale.

- **Azione 63**: La Commissione farà in modo che venga valutata ed inserita l'accessibilità nel corso delle revisioni della legislazione predisposta nell'ambito dell'Agenda Digitale (ad esempio per e-Commerce, carta d'identità elettronica, firma elettronica) attraverso una proposta di legge, che sarà pubblicata nel 2013, nel rispetto della *Convenzione delle Nazioni Unite sui diritti delle persone con disabilità*[37].

- **Azione 64**: Garantire l'accessibilità dei siti web del settore pubblico e che forniscono servizi di base ai cittadini entro il 2015. Nonostante le linee guida introdotte[38] secondo l'ultimo rapporto[39] (2011), l'accessibilità reale è ancora bassa e ciò porta all'esclusione sociale e a un impatto economico negativo.

- **Azione 65**: Facilitare, in collaborazione con gli Stati membri e le parti interessate, un protocollo d'intesa sul Digital Access per le persone con disabilità, in conformità con la Convenzione delle Nazioni Unite. La gamma di opere accessibili per le persone non vedenti in Europa è limitata. Uno dei problemi di fondo è il *trasferimento legale transfrontaliero di libri in formato accessibile*. I rappresentanti dei titolari dei diritti e dei disabili hanno già firmato, il 14 settembre 2010, un protocollo di intesa[40] sulla circolazione transfrontaliera di libri, accessibili per le persone con disabilità, che mira a garantire che i diritti d'autore e il materiale concesso in licenza sia legalmente disponibile in altri Stati membri dell'UE.

- **Azione 66**: Gli Stati membri devono approntare un piano a lungo termine per le competenze informatiche e le politiche di alfabetizzazione digitale e promuovere

---

[37] Per maggiori informazioni sulla *Convenzione sui diritti delle persone con disabilità* confrontare http://www.un.org/disabilities/convention/index.shtml, ultima consultazione: 16/04/2013

[38] *Iniziative Web Accessibility* e in WCAG 2.0 (Web Content Accessibility Guidelines 2.0) - http://ec.europa.eu/digital-agenda/en/web-accessibility, ultima consultazione: 06/05/2013

[39] La *relazione annuale di monitoraggio della accessibilità in Europa* contiene le informazioni più importanti sugli sviluppi legislativi e non legislativi svolti direttamente o indirettamente nel settore accessibilità, le attività per attuare tale legislazione e le attività connesse, nonché l'attuale livello di accessibilità in una serie di ICT. Consultare il sito per scaricare le relazioni annuali "Bilancio 2010" e "2011 Annual Report" che comprende anche i confronti nel tempo.
http://www.eaccessibility-monitoring.eu/researchResult.aspx, ultima consultazione: 06/05/2013

[40] *Memorandum of Understanding (MoU)* - Copyright: il commissario Barnier accoglie favorevolmente l'accordo su un maggiore accesso ai libri per i non vedenti consultabile all'indirizzo http://europa.eu/rapid/press-release_IP-10-1120_en.htm?locale=en, ultima consultazione: 16/04/2013

gli incentivi rilevanti per le PMI e i gruppi svantaggiati. 150 milioni di europei non hanno mai usato internet (30%) e per lo più sono persone anziane o a basso reddito (disoccupati, immigrati e meno istruiti). Considerato che l'80% dei servizi sociali sono forniti a livello locale, da parte delle amministrazioni pubbliche (regioni, comuni, ecc.) e del terzo settore, si rende necessario disporre di intermediari qualificati per la fornitura di servizi efficaci e sostenibili (pubblici ufficiali, assistenti sociali, volontari, badanti, ecc.). Si ritiene che la mancata qualificazione e competenza informatica comporti il rischio di non essere in grado di coprire i 700.000 posti di lavoro previsti entro il 2015.

- **Azione 67**: Implementare le disposizioni in materia di disabilità nel quadro delle telecomunicazioni e la direttiva sui servizi audiovisivi per l'accesso a Internet, i numeri di emergenza (in pericolare il numero di emergenza 112) e l'accessibilità delle comunicazioni elettroniche e ai servizi audiovisivi (TV digitale in particolare). Gli Stati membri sono tenuti a recepire il pacchetto di riforma delle telecomunicazioni nel diritto nazionale mentre la Commissione continua a monitorare e sostenere questa trasposizione. Ha inoltre pubblicato una relazione sull'attuazione della direttiva SMA[41] (AVMS Directive - luglio 2012).

- **Azione 68**: Gli Stati membri dovrebbero integrare l'e-learning nelle politiche nazionali per la modernizzazione dell'istruzione, della formazione, dei programmi, nella valutazione dei risultati di apprendimento e nello sviluppo professionale di insegnanti e formatori. Si tratta di realizzare progetti pilota che consentano di aumentare la consapevolezza sui benefici dell'e-learning, la condivisione delle conoscenze in merito ai risultati, le pratiche e le soluzioni disponibili in Europa e porre le basi per i progetti futuri.

➢ **Obiettivo VII: - Attivare i benefici ICT per la società dell'UE**

Le tecnologie digitali hanno un enorme potenziale per favorire la nostra vita quotidiana e affrontare le sfide sociali. L'Agenda Digitale si concentra sulla

---

[41] *Audiovisual Media Services Directive (AVMSD)* - Direttiva sui servizi per i media audiovisivi (SMA). La direttiva copre tutti i servizi di media audiovisivi il che significa televisione tradizionale (servizio lineare) e video-on-demand (non lineari). Questi servizi devono essere destinati al pubblico in generale e lo scopo è di informare, intrattenere ed educare sotto la responsabilità editoriale di un fornitore di servizi di media. Confrontare il sito http://ec.europa.eu/avpolicy/reg/avms/index_en.htm, ultima consultazione: 06/05/2013

capacità delle ICT per ridurre il consumo di energia, sostenere la vita dei cittadini anziani, rivoluzionare i servizi sanitari e fornire migliori servizi pubblici. Le ICT possono anche guidare la digitalizzazione del patrimonio culturale europeo e fornire l'accesso online a tutti.

- **Azione 69**: Valutare se il settore ICT ha rispettato i tempi di attuazione delle metodologie per il rendimento energetico e per il gas a effetto serra e proporre, se del caso, misure giuridiche. In particolare le attrezzature informatiche ed i servizi sono responsabili del 2,5% - 4% delle emissioni di carbonio e del 8% - 10% del consumo di energia elettrica. Queste cifre sono destinate a raddoppiare entro il 2020 e la spinta ecologista crescente rischia di ostacolare la diffusione delle ICT. I principali soggetti interessati che stanno approntando metodologie comuni per quantificare le emissioni sono state nel 2013 invitati dalla Commissione ad *adottare metodologie e misure legali più coerenti e più dettagliate.*

- **Azione 70:** Sostenere le collaborazioni tra il settore ICT e i principali settori responsabili delle emissioni (ad esempio costruzioni, trasporti e logistica, distribuzione di energia) per migliorare l'efficienza energetica e ridurre le emissioni di gas a effetto serra di questi settori entro il 2013. È necessaria una maggiore trasparenza per quanto riguarda le misurazioni e le metodologie per valutare il potenziale del settore delle ICT, i benefici concreti delle soluzioni ICT installate negli edifici ed identificare dove intervenire in modo più incisivo, per consentire un risparmio energetico in altri settori, adottando soluzioni coerenti ed evitando la frammentazione. In particolare la Commissione ha avviato l'iniziativa **Smart Cities**[42] nel mese di luglio 2012, *per facilitare gli approcci integrati in tutti i settori, quali edifici, i trasporti e l'energia.*

- **Azione 71**: Valutare il contributo potenziale delle reti intelligenti nel campo dell'approvvigionamento energetico e definire una serie di funzionalità minime per promuovere l'interoperabilità delle reti intelligenti. L'Europa intende *ridurre le emissioni di gas serra del 20%, aumentare la quota di energie rinnovabili al*

---

[42] *Smart Cities and Communities* - Il 10 luglio 2012 la Commissione europea ha lanciato le città intelligenti e la collaborazione per l'innovazione. La partnership si propone di riunire le risorse per sostenere gli interventi per l'energia, i trasporti e le tecnologie dell'informazione e della comunicazione (ICT) nelle aree urbane. cfr. http://ec.europa.eu/energy/technology/initiatives/smart_cities_en.htm, ultima consultazione: 06/05/2013

20% e *migliorare del 20% l'efficienza energetica* attraverso le **Smart Grid** (reti elettriche con tecnologia digitale) ed esplorando le potenziali sinergie tra i requisiti infrastrutturali per ridurre al minimo i costi economici e ambientali e le emissioni.

- **Azione 72**: Il Libro verde sull'illuminazione allo stato solido (Solid State Lighting - SSL) propone suggerimenti a sostegno di progetti per migliorare l'efficienza energetica del 20%. Il 19% del consumo mondiale di energia elettrica è utilizzata per l'illuminazione e una maggior efficienza può consentire un risparmio energetico enorme. Circa 8 miliardi di lampadine a incandescenza nelle case di quasi 500 milioni di cittadini europei dovranno essere sostituiti con sistemi intelligenti SSL di gestione della luce risparmiando il 70% di energia. Gli interventi riguarderanno quasi tutte le applicazioni: illuminazione automobilistica, semaforica, stradale e architettonica di edifici, interna per uffici ed edifici commerciali, pubblici e abitazioni.

- **Azione 73:** Concordare funzionalità aggiuntive per i contatori intelligenti (apparecchiature avanzate di misura, di solito per l'elettricità) per contribuire al raggiungimento degli obiettivi di risparmio energetico attraverso servizi innovativi ICT per la casa.

- **Azione 74**: Tutti gli appalti pubblici di impianti di illuminazione devono includere le *specifiche per i costi totali* (invece di costi iniziali di acquisto) entro il 2012. La direttiva sugli appalti pubblici è stata pubblicata e contiene i criteri di Green Public Procurement[43] per apparecchi di illuminazione.

- **Azione 75:** Intraprendere azioni pilota per un accesso online sicuro ai propri dati sanitari entro il 2015 e per il raggiungimento, entro il 2020, di un'ampia diffusione dei servizi di telemedicina. Le crescenti esigenze dei pazienti, l'aumento delle malattie croniche, l'impatto dell'invecchiamento della popolazione, la scarsità di risorse umane e finanziarie stanno mettendo a rischio la sostenibilità dei sistemi sanitari. I servizi di telemedicina:
  - ✓ consentono la mobilità e l'accesso dei pazienti ai propri dati rendendo i rapporti con i servizi sanitari più efficaci;

---

[43] *Green Public Procurement (GPP) - EU GPP Criteria for Electricity -*
http://ec.europa.eu/environment/gpp/eu_gpp_criteria_en.htm, ultima consultazione: 06/05/2013

✓ agevolano la cura dei pazienti affetti da malattie croniche, pazienti anziani e persone dislocate in aree remote e risponde alla carenza di operatori sanitari e alla mancanza di risorse finanziarie.

✓ offrono una scelta più ampia di nuovi servizi on-line consentono un accesso migliore e più sicuro alle cure;

✓ Gli operatori sanitari sono in grado di monitorare più strettamente i pazienti e di utilizzare il loro tempo in modo più efficiente;

✓ Le Autorità Sanitarie possono utilizzare le proprie risorse in modo più efficiente;

✓ Consentono di far emergere nuovi mercati per la salute personale e la gestione del benessere.

La Commissione ha adottato nel 2012 un nuovo piano d'azione eHealth 2012-2020 mentre, per il 2013, avvierà un programma di lavoro per il trattamento dei disturbi mentali basato sui servizi innovativi di telemedicina.

- **Azione 76:** Proporre una raccomandazione che definisca un insieme minimo comune di dati riguardanti i pazienti per l'interoperabilità delle cartelle cliniche a cui accedere o da scambiare elettronicamente entro il 2012. Il progetto pilota epSOS[44] si propone di sviluppare, testare e convalidare l'interoperabilità delle cartelle dei pazienti e le possibili soluzioni per la gestione delle ricette mediche elettroniche. Consente l'accesso tempestivo ai dati vitali o comunque rilevanti del paziente per una maggiore qualità e sicurezza delle cure, attraverso informazioni salva-vita che saranno facilmente accessibili.

- **Azione 77:** Sviluppare una proposta quadro per l'interoperabilità dei sistemi di sanità elettronica definendo norme comunitarie, predisponendo test di interoperabilità e la certificazione dei sistemi entro il 2015, attraverso il dialogo con i settori coinvolti. La proposta prevede la definizione di una serie di

---

[44] *epSOS* - Progetto europeo della sanità elettronica epSOS è il principale progetto per la sanità elettronica europea (eHealth) di interoperabilità co-finanziato dalla Commissione europea e dalle parti interessate. Si concentra sul miglioramento delle cure mediche dei cittadini mentre si trovano all'estero, fornendo agli operatori sanitari i dati necessari del paziente. Si basa sul nuovo piano d'azione eHealth 2012-2020 (Communication From The Commission To The European Parliament, The Council, The European Economic And Social Committee And The Committee Of The Regions - Brussels, 6.12.2012 - COM(2012) 736 final) attualmente rilasciato. Per ulteriori informazioni, si prega di visitare http://www.epsos.eu/home/about-epsos.html, ultima consultazione: 06/05/2013

specifiche che ponga le basi per l'individuazione della piattaforma standard multi utente per l'interoperabilità.

- **Azione 78:** Rafforzare il programma comune (AAL - Ambient Assisted Living) per permettere agli anziani e alle persone con disabilità di vivere in maniera autosufficiente ed attiva nel contesto sociale. Il programma è fondamentale, secondo la Commissione, per *conseguire l'obiettivo dell'invecchiamento attivo e in buona salute.* Le innovative soluzioni ICT possono contribuire a migliorare la qualità della vita dei cittadini e aumentare l'efficienza delle cure e dei sistemi di assistenza contribuendo a diminuire la pressione esercita sui bilanci nazionali. Nel 2011 è stata emanata una raccomandazione per la programmazione congiunta sul cambiamento demografico e la ricerca nazionale e nel 2012 la valutazione sulla partecipazione dell'Unione europea sul programma comune dopo il 2013.

- **Azione 79:** Proporre un modello sostenibile per finanziare la digitalizzazione, la conservazione di gran parte del patrimonio culturale europeo ostacolato dalla frammentazione e la complessità del sistema di licenze in uso. La Commissione ha adottato, a fine 2011, una raccomandazione[45] che chiede agli Stati membri dell'UE di intensificare i loro sforzi e coinvolgere il settore privato nella digitalizzazione del materiale culturale. Questo è essenziale per rendere il patrimonio culturale europeo più ampiamente fruibile e per stimolare la crescita nelle industrie creative europee. Il materiale digitale dovrebbero essere reso disponibile attraverso *Europeana*[46], la biblioteca archivio e museo digitale europea.

- **Azione 80:** La Commissione proporrà misure a sostegno e promozione delle industrie culturali e creative attraverso nuovi modelli di business che possano essere vantaggiosi per l'industria culturale. La Convenzione UNESCO sulla Diversità Culturale, ratificata nel 2006, prevede la promozione e la tutela della

---

[45] *Agenda digitale: la digitalizzazione della cultura dell'UE incoraggiante per aiutare la crescita spinta -* Reference: IP/11/1292 Data evento: 8/10/2011 - http://europa.eu/rapid/press-release_IP-11-1292_en.htm?locale=en, ultima consultazione: 06/05/2013

[46] Europeana - La Fondazione Europea è un progetto open forum di esperti per la fornitura di servizi tecnici, conoscenze giuridiche e strategiche. Si sta sostenendo il verde pubblico, il patrimonio culturale attraverso il trasferimento delle conoscenze, l'innovazione e la promozione, diffondendo il patrimonio personale e coltivando nuovi modi per incrementare il patrimonio culturale.
http://www.europeana.eu/portal/, ultima consultazione: 06/05/2013

diversità culturale, in tutto il mondo, che si applica anche ai nuovi ambienti digitali. Attraverso i nuovi media digitali si creano maggiori opportunità per gli autori e fornitori di contenuti e una maggiore velocità di circolazione che consente di *raggiungere nuovi e più ampi bacini di utenti*. Internet è anche un mezzo di comunicazione che accresce il pluralismo consentendo l'accesso a una più ampia gamma di fonti e punti di vista per gli individui che si possono così esprimer pienamente e apertamente.

- **Azione 81**: La Commissione presenterà nel 2013 una proposta di raccomandazione del Consiglio sul cinema digitale per spingere, attraverso DG Connect[47], le parti interessate a sfruttare il passaggio al cinema digitale. Lo scopo è aumentare la diffusione dei film europei forniti su piattaforme on-line, la raccolta e la conservazione del cinema in formato digitale per le generazioni future, la proiezione di film prodotti in digitale o digitalizzati successivamente in cineteche o cinema d'arte, rendendoli disponibili on-line. Questa azione è strettamente legata alle azioni 2, 79 e 80 ed intensificherà gli scambi di buone pratiche oltre ad avviare un processo di relazioni biennali degli Stati membri e la valutazione della Commissione sui progressi raggiunti.

- **Azione 82:** Attuare la direttiva sui Servizi di Media Audiovisivi (SMA) del maggio 2012 sulla diversità culturale attraverso la regolamentazione e l'informazione. Si tratta di un'azione <u>fusa con l'azione 8</u> sulla revisione della direttiva sulla firma elettronica. Le misure di promozione della distribuzione e della produzione di opere audiovisive europee e indipendenti contribuiscono a rafforzare la competitività dell'industria audiovisiva europea che soffre di un deficit commerciale, con l'industria statunitense, pari a 6-7 miliardi di euro ogni.

- **Azione 83:** <u>fusa con la 8</u>
Proporre il reciproco riconoscimento dell'identificazione elettronica che comprenda anche i *servizi fiduciari*. A livello dell'UE esiste un quadro giuridico per le *firme elettroniche* (direttiva 1999/93/CE) ma non per *l'identificazione elettronica* (e-ID) e neppure per gli altri servizi fiduciari che sono essenziali per tutti i tipi di transazioni online. Incoraggiare l'innovazione e la concorrenza e

---

[47] *A partire dal 1 luglio 2012 la Direzione generale della Commissione europea si occupa degli aspetti legati alle reti di comunicazione, ai contenuti e alla tecnologia previste dall'Agenda digitale dell'UE attraverso la struttura DG Connect.*

agevolare l'e-business favorirà viaggiare, lavorare e studiare in tutta l'Unione ed offrirà nuove opportunità di business come indicato nella strategia Europa 2020.

- **Azione 84:** Sostenere i servizi transfrontalieri di e-Government nel mercato unico attraverso la competitività, l'innovazione e le soluzioni di interoperabilità per le pubbliche amministrazioni. L'obiettivo è la costituzione di un mercato in cui sia possibile *avviare e gestire un'impresa in qualunque paese Europeo*, indipendentemente dalla nazione d'origine e consentire ai cittadini di studiare, lavorare, risiedere e andare in pensione ovunque. La Commissione interviene attraverso il programma di sostegno alla politica delle ICT Policy Support Programme e le soluzioni d'interoperabilità per le pubbliche amministrazioni europee (ISA - European Public Administrations) che sono strumenti in grado di analizzare e suggerire modi per garantire la sostenibilità dei servizi comuni. Nel 2013 la Commissione prevede l'avvio del progetto in materia di giustizia elettronica (e-CODEX[48]) per l'interoperabilità dei servizi pubblici che devono essere riutilizzabili da parte delle autorità pubbliche, le imprese e i cittadini.

- **Azione 85:** Rivedere e modernizzare il diritto comunitario sull'accesso del pubblico all'informazione ambientale (direttiva 2003/4/CE) per porre in grado le amministrazioni pubbliche, i cittadini e le imprese di ridurre i costi e risparmiare tempo, mitigando i rischi del cambiamento climatico, naturali e prodotti dall'uomo, e condividendo le informazioni ed i dati legati all'ambiente.

- **Azione 86:** Implementazione dei servizi delle tecnologie dell'informazione e della comunicazione ICT a sostegno degli obiettivi di politica e informazione ambientale (e-Environment) e relativo monitoraggio. La commissione attraverso il Sistema di informazioni ambientali (SEIS) propone tre filoni di intervento: la *razionalizzazione dei requisiti di legge, la raccolta dei dati e delle informazioni* utilizzando infrastrutture di monitoraggio (compresi i sensori) e *i protocolli*. Entro la fine del 2016 i servizi e-Environment saranno disponibili e interoperabili al di là dei confini amministrativi e giurisdizionali ed entro il 2020 la qualità e la disponibilità dei dati sarà sufficiente a sostenere gli obiettivi strategici connessi con l'ambiente europeo.

---

[48] *e-CODEX è un progetto pilota co-finanziato dalla Commissione europea nell'ambito del Program Safer Internet (PSI) con l'obiettivo di migliorare l'accesso dei cittadini e delle imprese agli strumenti giuridici in Europa e l'interoperabilità tra le autorità legislative all'interno dell'UE.*

- **Azione 87:** Predisporre il libro bianco con le misure concrete sulle modalità di accesso alle gare d'appalto (e-procurement) per consentire al settore privato di accedere a gare pubbliche in tutta l'Unione utilizzando i servizi on-line. Il piano d'azione e-Procurement, avviato nel 2004, deve superare ancora molta strada per ottenere benefici soddisfacenti.

- **Azione 88:** Creare e implementare un ambizioso piano d'azione 2011-2015 eCommission che comprenda anche gli appalti elettronici per migliorare l'efficienza, i servizi, l'accessibilità ai servizi pubblici e la trasparenza per i cittadini dell'amministrazione pubblica. A tal fine nel mese di agosto 2012 è stata emanata la comunicazione[49] che riguarda i seguenti obiettivi strategici:

  * Centralità dell'utente,

  * Efficacia ed efficienza,

  * Sicurezza e Riservatezza,

  * Semplificazione e proporzionalità,

  * Trasparenza e accessibilità,

  * Apertura,

  * Riusabilità,

  * Convergenza.

- **Azione 89:** Rendere i servizi di eGovernment degli Stati membri pienamente interoperabili per superare le barriere organizzative, tecniche o semantiche adottando il supporto IPv6[50]. L'interoperabilità nella fornitura dei servizi transfrontalieri pubblici più efficaci ed efficienti è un presupposto importante per la flessibilità dei servizi di eGovernment da offrire ai cittadini e alle imprese. È quindi indispensabile *evitare soluzioni incompatibili come pure l'emersione di barriere elettroniche.*

  La Commissione ha lanciato uno studio nell'ambito del programma ISA (Interoperability Solutions for European Public Administrations), esplorando la

---

[49] *Delivering user-centric digital services* - E-Commission 2012-2015, SEC(2012) 492 final, Brussels, 1.8.2012 - http://ec.europa.eu/dgs/informatics/ecomm/doc/communication_sefcovic_tothecom.pdf-http://www.europeana.eu/portal/, ultima consultazione: 17/05/2013

[50] IPv6 è la versione dell'Internet Protocol versione 6 designata come successore dell'IPv4. Tale protocollo introduce alcuni nuovi servizi e assume particolare rilevanza in quanto permette un più ampio indirizzamento in quanto riserva 128 bit per gli indirizzi IP (2^{128} equivale a circa 3,4 $\times$ 10^{38}) contro i 32 bit dell'IPv4 (2^{32} corrisponde a circa 4,3 $\times$ 10^{9}). Tale formato per gli indirizzi IP risolverebbe, per un lungo periodo, il problema dell'esaurimento degli indirizzi IPv4.

necessità di un'architettura di interoperabilità che faciliti la creazione di servizi interprofessionali nel settore pubblico. Inoltre, ha creato il NIFO (National Interoperability Framework Observatory), per effettuare un'analisi comparativa dei quadri nazionali di interoperabilità, proporre raccomandazioni riguardanti potenziale incompatibilità e sensibilizzare l'opinione pubblica.

Nel 2013 la Commissione avvierà un nuovo progetto pilota su larga scala per i servizi di base che si avvarrà delle esperienze di sviluppo di altri paesi in relazione alla cross operabilità transfrontaliera dei servizi pubblici che potranno essere utilizzati dalle autorità pubbliche, imprese e cittadini. In particolare si estenderà il progetto pilota in corso in materia di giustizia elettronica (e-CODEX).

- **Azione 90:** Predisporre sportelli unificati che funzionino come centri di eGovernment per la maggior parte dei servizi pubblici on-line a livello transfrontaliero. I servizi per il mercato interno europeo generano oltre il 70% dei posti di lavoro e delle attività economiche nell'Unione europea e le imprese e i cittadini incontrano *eccessivi ostacoli amministrativi nell'accedere a servizi transfrontalieri in altri paesi dell'UE*. La direttiva sui servizi tende a eliminare le barriere nazionali al commercio dei servizi in tutta l'UE per aiutare le imprese ad ottenere on-line tutte le informazioni rilevanti per le loro attività e per espletare, per via elettronica, tutte le procedure e le formalità con le pubbliche amministrazioni. La Commissione ha effettuato (2011-12) uno studio per esaminare gli aspetti fondamentali del funzionamento degli sportelli unici, individuare le buone pratiche e mettere in evidenza le lacune formulando raccomandazioni per il follow-up e le azioni di miglioramento[51] per semplificare le procedure on-line per i servizi transfrontalieri.

- **Azione 91:** Definire un elenco comune di servizi pubblici fondamentali transfrontalieri che consenta agli imprenditori di creare e gestire un'impresa ovunque in Europa, indipendentemente dalla loro posizione originaria, e consentendo ai cittadini di studiare, lavorare, risiedere e andare in pensione in

---

[51] La relazione finale è disponibile con il titolo *European Commission, Directorate General For Internal Market And Services* - Dg Markt/2010/22/E - (Smart 2007/035, Lot 4) - Final Report - 21-01-2012 - a cura della Deloitte & Touche che è la seconda azienda di servizi di consulenza e revisione nel mondo. http://ec.europa.eu/internal_market/services/docs/services-dir/study_on_points/final_report_en.pdf, ultima consultazione: 06/05/2013

tutta l'Unione europea. La Commissione valuterà le reali esigenze, i costi-benefici e gli ostacoli per i servizi transfrontalieri in cui l'interoperabilità è un fattore chiave. Su questa base gli Stati membri discuteranno e concorderanno un elenco comune di servizi pubblici fondamentali.

- **Azione 92**: Aumentare la velocità del sistema di trasporto intelligente (ITS - Intelligent Transport System) in particolare per il trasporto stradale e urbano. La mobilità di persone e merci è un elemento fondamentale dell'attività economica in Europa, ma rappresenta una delle sfide ambientali più gravi che abbiamo di fronte oggi. La proposta avanzata con ITS e l'uso delle tecnologie dell'informazione della comunicazione vogliono rendere i trasporti più efficienti, veloci, semplici ed affidabili.

Il piano di azione europeo consente di ridurre le emissioni di gas a effetto serra del 25% *trasferendo il trasporto terrestre alle ferrovie, al cielo e al mare*. I progetti pilota sono iniziati su eCall in 9 Stati membri europei e finanziati nell'ambito del programma CIP (Gennaio 2011) con un programma di interventi, linee guida, reporting e conseguente pubblicazione della raccomandazione eCall (settembre 2011) e della valutazione d'impatto sulla realizzazione approvata nel novembre 2012.

- **Azione 93:** Applicare la direttiva sul sistema del traffico aereo a sostegno dell'interoperabilità e della standardizzazione denominata SESAR (Air Traffic Management Solutions for the Single European Sky). È un'iniziativa per riformare l'architettura del controllo del traffico aereo europeo per soddisfare le future capacità e le esigenze di sicurezza, che integrerà i servizi di navigazione aerea e i sistemi di sicurezza di supporto, in grado di garantire la sicurezza e la flessibilità del trasporto aereo in tutto il mondo nel corso dei prossimi 30 anni. Per ora è stata adottata nel dicembre 2011 una comunicazione[52] sulla preparazione della fase di realizzazione del programma sulla governance e sui meccanismi di incentivazione per la realizzazione di SESAR. Nel periodo

---

[52] *Communication From The Commission - Governance and incentive mechanisms for the deployment of SESAR, the Single European Sky's technological pillar.* Brussels, 22.12.2011 - COM(2011) 923 final http://ec.europa.eu/transport/modes/air/sesar/doc/2011_12_22_comm_com_2011_0923_f_en.pdf, ultima consultazione: 06/05/2013

compreso tra il 2014-2020 dovrebbe diventare operativo nell'Unione europea e nei paesi partner.

- **Azione 94:** Proporre una direttiva per la distribuzione di e-servizi marittimi richiesta già nel 2011. Il trasporto marittimo ha un ruolo fondamentale per il commercio e la prosperità dell'UE, ma gli operatori del trasporto, i porti europei e le amministrazioni responsabili dei vari controlli (sicurezza, doganali di sicurezza, immigrazione, ecc) hanno la necessità di aumentare l'efficienza e la qualità dei loro servizi. Le tecnologie informatiche sono una buona soluzione per lavorare e fare affari nel settore del trasporto marittimo e per migliorare i servizi e affrontare le richieste sempre a più alto contenuto socio-economico e ambientale. La Commissione europea ha adottato la direttiva sulle formalità di dichiarazione delle navi[53] e prevede di pubblicare una comunicazione UE in ambito e-Maritimo.

- **Azione 95:** Proporre una direttiva che stabilisce le specifiche tecniche per le applicazioni telematiche per i servizi di trasporto ferroviario di passeggeri. Affinché i passeggeri del trasporto ferroviario possano trovare informazioni aggiornate e servizi di biglietteria per l'utilizzo di treni che attraversano le frontiere occorre che le informazioni e servizi di biglietteria siano interconnessi. Sono necessarie delle specifiche tecniche armonizzate dall'Unione europea per realizzare un servizio senza soluzione di continuità del mercato ferroviario passeggeri per tutti i cittadini europei che viaggiano in treno, collegando molto più efficientemente l'intera Europa. Nel maggio 2011 la Commissione ha adottato un regolamento[54] in materia di interoperabilità ferroviaria.

- **Azione 96:** Gli Stati membri devono rispettare i loro obblighi nel quadro del sistema europeo di gestione del traffico ferroviario in particolare per quanto riguarda le linee che devono essere attrezzate entro il 2015. L'aumento del traffico sulle strade, ferrovie, cielo, mare e corsi d'acqua è sempre più

---

[53] *Directive 2010/65/Eu Of The European Parliament And Of The Council of 20 October 2010 on reporting formalities for ships arriving in and/or departing from ports of the Member States and repealing* Directive 2002/6/EC.
http://eur-lex.europa.eu/LexUriServ/LexUriServ.do?uri=OJ:L:2010:283:0001:0010:EN:PDF, ultima consultazione: 06/05/2013
[54] *Transport: Commission to push for pan European passenger rail ticketing* - Reference: IP/11/534 Data evento: 05/05/2011. http://europa.eu/rapid/press-release_IP-11-534_en.htm?locale=en, ultima consultazione: 17/05/2013

frequentemente causa di colli di bottiglia infrastrutturali. Adottando soluzioni in tempo reale sul traffico e informazioni di viaggio, è possibile alleviare la congestione, favorire la mobilità verde, migliorare la sicurezza e integrare meglio trasporto passeggeri e merci.

Il piano ERTMS (European Rail Traffic Management System) propone un sistema di controllo e di segnalazione unico e standard in tutta Europa. Le specifiche ERTMS sono state sviluppate dall'Agenzia ferroviaria europea (ERA) ed una volta adottate ed applicate dai fornitori e dalle imprese ferroviarie, potranno garantire un'attuazione uniforme in tutta Europa.

> **Internazionale**

L'Agenda digitale europea mira a fare dell'Europa una realtà di crescita intelligente, sostenibile e inclusiva a livello globale. *I sette Obiettivi dell'agenda digitale hanno tutti dimensioni internazionali.*

- **Azione 97:** Promuovere l'internazionalizzazione della gestione di Internet e della cooperazione mondiale per mantenere la stabilità di internet, sulla base del modello multi-stakeholder.

Internet ha un impattato sociale dirompente provocando cambiamenti in quasi tutti i settori della vita, come le imprese, l'istruzione, la sanità, i trasporti tanto da diviene un elemento fondamentale ed essenziale per tutti i cittadini. La forza economica di Internet è al centro di servizi senza soluzione di continuità e il suo peso costituisce nella UE-27 il 3,8% del PIL nel 2010 con previsione di crescita al 5,7% nel 2016. Data la sua importanza strategica *Internet non può essere considerato un fenomeno su base nazionale ma come infrastruttura globale*, le cui sfide sono da affrontare in un contesto di cooperazione internazionale: cyber-minacce alla sicurezza, cyber-crimine, controversie legali transfrontaliere, la censura, la concentrazione del mercato, la libertà di espressione e il rispetto dei diritti umani.

L'UE procede su **due piani**. Il primo è puramente europeo e tocca dimensioni economiche, politiche e sociali che riguardano lo sviluppo di un'economia Internet e di un mercato unico del digitale, favorendo l'inclusione e l'innovazione sociale.

Il secondo è globale e tocca la sfera del rispetto dei diritti umani, la promozione della neutralità della rete, la creazione di un regime di diritti di proprietà intellettuale, la definizione di un quadro giuridico globale in particolare per il commercio elettronico.

la Commissione europea è stata uno degli attori principali in materia di governance di Internet a livello mondiale e contribuisce attivamente a molte delle linee d'azione quali le politiche per i nomi di dominio, per rafforzare la responsabilità, l'indipendenza e la trasparenza, per creare un modello universalmente accettato di governance di Internet. In ambito UE, la Commissione controlla il recepimento di una serie di legislazioni chiave relative a Internet, come l'e-commerce, comunicazioni elettroniche, tutela dei consumatori, privacy e protezione dei dati personali, la resilienza[55] delle reti, la lotta contro la criminalità informatica e la neutralità della rete.

• **Azione 98:** Sostenere la continuazione del forum multilaterale dell'Internet Governance Forum[56] (IGF) per discutere questioni politiche sulla governance di internet. Istituito dalle Nazioni Unite *affronta i temi dell'apertura, della sicurezza, della diversità e dell'accesso.* Vi partecipano ministri, funzionari del governo, attivisti internet, rappresentanti dell'industria, del mondo accademico ed esperti di tecnologia. Il suo valore aggiunto è quello di fornire una piattaforma libera in cui le idee e le iniziative da inserire nel processo decisionale.

La Commissione europea partecipa al dibattito sul ruolo di IGF ed ai lavori per l'organizzazione del prossimo IGF (Bali, autunno 2013) e sostiene l'attuazione delle raccomandazioni formulate dal gruppo di lavoro delle Nazioni Unite.

• **Azione 99:** Lavorare con i paesi terzi per migliorare le condizioni del commercio internazionale di beni e servizi digitali, anche per quanto riguarda i diritti di proprietà intellettuale.

---

[55] In informatica, la *resilienza* è la capacità di un sistema di adattarsi alle condizioni d'uso e di resistere all'usura in modo da garantire la disponibilità dei servizi erogati. I contesti di riferimento sono quelli relativi alla business continuity e al disaster recovery. È definibile anche come una somma di abilità, capacità di adattamento attivo e flessibilità necessaria per adottare nuovi comportamenti una volta che si è appurato che i precedenti non funzionano (WIKI).
[56] *Internet Governance Forum* - http://www.intgovforum.org/cms/, ultima consultazione: 06/05/2013

Mentre le barriere tariffarie e le restrizioni quantitative sono complessivamente diminuite, *barriere non tariffarie (l'etichettatura, le norme in conflitto e norme di origine) e di altre restrizioni normative hanno acquisito maggiore importanza.* Le disposizioni dei singoli paesi sono sempre più utilizzate per chiudere i mercati alla concorrenza internazionale utilizzando spesso strumenti che hanno poco a che fare con la politica tradizionale del commercio, come ad esempio problemi di sicurezza, per esempio imponendo l'acquisto di prodotti nazionali o sostenendo che quelli importati potrebbe rappresentare una minaccia per la sicurezza.

La Commissione europea può contribuire a creare le condizioni favorevoli al commercio estero di beni e servizi digitali, migliorando in tal modo l'accesso al mercato e le opportunità di investimento. La Commissione si impegna attivamente con i negoziati di libero scambio con i paesi terzi, e partecipa al mercato per le comunicazioni elettroniche, le merci, gli investimenti e l'indirizzo e-commerce. Inoltre intrattiene rapporti politici regolari con i paesi terzi: gli Stati Uniti, Cina, Giappone, Russia, Brasile e l'India ed aderisce e sostiene la moratoria e-commerce, *che vieta ai membri dell'OMC[57] di imporre dazi doganali (o qualsiasi cosa con effetto equivalente) a transazioni elettroniche.*

- **Azione 100:** Cercare un mandato per aggiornare gli accordi internazionali, in linea con il progresso tecnologico o, se del caso, proporre nuovi strumenti.

L'accordo sulle tecnologie dell'informazione (ITA) del 1997 ha raggiunto risultati straordinari nel promuovere l'assorbimento delle tecnologie dell'informazione in Europa e nel mondo. L'ITA ha bisogno di essere aggiornato per tener conto dell'evoluzione della tecnologia.

L'accordo ITA copre il 97% del commercio mondiale di beni IT e riguarda 70 paesi e territori doganali che intendono abolire i dazi ed estendere questi benefici a tutti i paesi dell'Organizzazione mondiale del commercio (OMC). L'accordo riguarda attualmente sei grandi categorie di prodotti ICT: computer,

---

[57] *World Trade Organization - WTO o Organizzazione mondiale del commercio -* OMC è un'organizzazione internazionale creata allo scopo di supervisionare numerosi accordi commerciali tra gli stati membri. Vi aderiscono, al 24 Agosto 2012, 157 Paesi a cui si aggiungono 30 Paesi osservatori, che rappresentano circa il 97% del commercio mondiale di beni e servizi (WIKI).

apparecchiature per telecomunicazioni, semiconduttori, dispositivi di produzione di semiconduttori, supporti e strumenti scientifici.

La Commissione ha portato a termine le consultazioni interne per l'elenco riveduto di prodotti per i negoziati ITA, in seguito a consultazioni con l'industria delle ICT. Tuttavia, mentre l'UE sostiene l'espansione di nuovi prodotti da includere nell'ITA entro la fine del 2013, si mira anche ad affrontare le barriere non tariffarie, ma con estrema difficoltà poiché *molti paesi dell'OMC non condividono quest'ultimo obiettivo.*

2.2 Normativa Italiana - Agenda Digitale Italiana - ADI

Le strategie dell'Europa 2020 dipendono fortemente dalla capacità degli Stati membri di attuare le riforme necessarie contestualizzandole in ambito nazionale. Nello specifico si rende necessaria un'ampia collaborazione tra le istituzioni nazionali e la Commissione per la realizzazione delle sette iniziative prioritarie.

A tale scopo il Ministero dello sviluppo economico, di concerto con il Ministro per la Pubblica Amministrazione e la Semplificazione, il Ministro per la Coesione Territoriale, il Ministro dell'istruzione, dell'Università e della Ricerca e il Ministro dell'Economia e delle Finanze, il 1 marzo 2012 ha istituito l'**Agenda Digitale del Dipartimento per le Comunicazioni**[58] per comunicare a tutti i cittadini la Strategia Italiana per l'attuazione degli obiettivi stabiliti dall'Agenda Digitale Europea.

Per coordinare efficacemente le azioni delle amministrazioni centrali e territoriali e fissare le linee guida di una propria Agenda Digitale, in conformità a quanto previsto dagli obiettivi delineati dalla Strategia Europa 2020, è stata nel contempo istituita la **Cabina di Regia**[59] per l'Agenda Digitale Italiana (ADI). Il 4 ottobre 2012 il Consiglio dei Ministri ha inoltre approvato il **Provvedimento Crescita 2.0**[60] in cui sono previste

---

[58] *Ministero Dello Sviluppo Economico - Agenda Digitale del Dipartimento per le Comunicazioni* http://www.sviluppoeconomico.gov.it/, ultima consultazione: 06/05/2013
[59] *Ministero Dello Sviluppo Economico - Cabina di Regia Agenda Digitale Italiana* http://www.sviluppoeconomico.gov.it/, ultima consultazione: 16/04/2013
[60] *Ministero Dello Sviluppo Economico - Decreto Crescita 2.0 - Ulteriori misure urgenti per la crescita del paese - cosiddetto* Dl Crescita 2.0 - DECRETO-LEGGE 18 ottobre 2012, n. 179 - (12G0201) *(GU n.245 del 19-10-2012 - Suppl. Ordinario n. 194)* - note:Entrata in vigore del provvedimento: 20/10/2012. - Decreto-Legge convertito con modificazioni dalla L. 17 dicembre 2012, n. 221 (in S.O. n. 208, relativo alla G.U. 18/12/2012, n. 294). http://www.sviluppoeconomico.gov.it/, ultima consultazione: 16/04/2013

le Misure per l'applicazione concreta dell'Agenda Digitale Italiana. Modifiche appartate successivamente hanno condotto al c.d. **Decreto Sviluppo bis** pubblicato sulla *Gazzetta Ufficiale* n. 294 del 18 dicembre 2012 (con riferimento alla legge n. 221 del 17 dicembre 2012 di conversione del DL 179/2012 Ulteriori misure urgenti per la crescita del Paese) che si compone di 39 articoli e un allegato (testo coordinato del Decreto Sviluppo *Bis* DL 179/2012 convertito con legge 221/2012) e detta norme per L'**agenda Digitale Italiana** (pubblica amministrazione, cultura, istruzione, giustizia e sanità), misure per l'azzeramento del divario digitale e moneta elettronica, ricerca e innovazione, nuove regole per assicurazioni, mutui e mercato finanziario, nascita e sviluppo di imprese startup innovative, infrastrutture e altre disposizioni.

Nello specifico, confermata l'**istituzione dell'Anagrafe unica delle Stazioni Appaltanti** e le regole per il **superamento del dissenso espresso durante le Conferenze di Servizi**. Prevista l'individuazione di Zone a Burocrazia Zero nelle zone non coperte da vincoli ambientali e paesaggistici e misure per l'incentivazione di nuove infrastrutture di importo superiore ai 500 milioni di euro con il sistema del partenariato pubblico e privato.

I principali interventi sono previsti nei settori dell'identità digitale, della Pubblica Amministrazione digitale ed Open data, dell'istruzione digitale, della sanità digitale, del divario digitale, dei pagamenti elettronici e della giustizia digitale. Con l'applicazione dell'Agenda Digitale Italiana viene per la prima volta introdotta, nell'ordinamento del nostro Paese, la definizione di impresa innovativa (startup), un'azienda che nasce e produce nuove iniziative tecnologiche a condizione che si tratti di progetti molto trasparenti e con un grande contenuto di innovazione.

Viene in particolare contestualmente presentato il **Piano Nazionale Banda Larga**[61] e il **Progetto Strategico Banda Ultralarga**[62] ed avviate alcune azioni e progetti che il Governo italiano ha ritenuto prioritari.

Struttura Organizzativa

L'Agenda Digitale Europea (DAE), presentata dalla Commissione Europea nel maggio 2010, come si è già visto, è una delle sette iniziative faro della strategia Europa 2020, e mira a stabilire il ruolo chiave delle tecnologie dell'informazione

---

[61] *Ministero Dello Sviluppo Economico - Piano Nazionale Banda Larga*
http://www.sviluppoeconomico.gov.it/, ultima consultazione: 16/04/2013
[62] *Ministero Dello Sviluppo Economico - Progetto Strategico Banda Ultralarga*
http://www.sviluppoeconomico.gov.it/, ultima consultazione: 16/04/2013

e della comunicazione per raggiungere gli obiettivi di crescita intelligente, sostenibile e inclusiva.

L'**Agenda Digitale Italiana** ha inizialmente allestito un sito ad essa dedicato (*www.agenda-digitale.gov.it*), nato prima dell'istituzione della Cabina di Regia, cha ha permesso di conoscere le iniziative e le azioni volte al raggiungimento degli obiettivi dell'Agenda ma è risultato *privo di proposte concrete*, rimanendo una mera raccolta di indicazioni peraltro con una diversa aggregazione rispetto a quanto proposto a livello europeo.

La **Cabina di Regia**, nata con il Governo dei tecnici (1 marzo 2012 - ai sensi del decreto-legge del 9 febbraio 2012, n. 5 art. 47), articolata in sei gruppi di lavoro, coordinati da un referente, affiancato anche da un ulteriore referente di ciascuna delle sei amministrazioni coinvolte, presenta la seguente struttura organizzativa:

1. *Infrastrutture e Sicurezza* - Dipartimento per le comunicazioni del Ministero dello Sviluppo Economico (MISE).

2. *e-Commerce* - Dipartimento Impresa e internazionalizzazione del Ministero dello Sviluppo Economico (MISE).

3. *e-Gov / Open Data* - Ministero dell'Istruzione, dell'Università e della Ricerca (MIUR) e Dipartimento della Funzione Pubblica.

4. *Informatizzazione Digitale & Competenze Digitali* - Dipartimento Programmazione, Gestione Risorse Umane finanziarie e strumentali del Ministero dell'Istruzione, dell'Università e della Ricerca (MIUR).

5. *Ricerca e Innovazione* - Coordinato dal direttore Generale per la politica industriale e la competitività del Ministero dello Sviluppo Economico (MISE).

6. ***Smart Communities*** – Coordinato dal Consigliere per la ricerca e l'innovazione del Ministero dell'Istruzione, dell'Università e della Ricerca (MIUR).

Entro la fine di giugno 2012 ogni gruppo di lavoro della Cabina di Regia doveva produrre la strategia italiana per un'Agenda digitale, relazionando sugli obiettivi, il contesto, la visione strategica, i principali ostacoli, il quadro finanziario, censendo e finalizzando le iniziative in corso, definendo i nuovi progetti, le azioni normative e le relative ricadute. Sulla relazione si fondano i progetti operativi che andranno a costituire il pacchetto normativo che assume il nome di **Decreto DigItalia**.

I gruppi di lavoro prevedevano incontri settimanali, aperti anche alle parti coinvolte (le Regioni, gli enti locali, le associazioni di categoria, le grandi imprese e gli altri stakeholders di volta in volta individuati) mentre, a cadenza mensile, incontravano i componenti della cabina di regia, con l'intento di analizzare ed integrare sinergicamente le attività svolte.

Per accrescere la partecipazione e consentire ai cittadini e agli stakeholders di intervenire direttamente e di consultare tutta la documentazione prodotta, è stato istituito il sito web della Cabina di Regia, concepito come spazio interministeriale di facile fruizione che permetta di conoscere le iniziative e le azioni promosse dal Ministero dello Sviluppo Economico.

L'Agenda Digitale Italiana offre servizi digitali, fortemente innovativi, per i cittadini che potranno utilizzare un unico documento elettronico, valido anche come tessera sanitaria, attraverso il quale rapportarsi con la pubblica amministrazione. Le ricette mediche ed il fascicolo universitario saranno digitali e la Pubblica Amministrazione sarà obbligata a comunicare attraverso la posta elettronica certificata e a pubblicare online i dati in formato aperto e riutilizzabile.

Le notifiche e le comunicazioni giudiziarie saranno digitalizzate consentendo così risparmi di spesa e una maggiore efficienza oltre a favorire il rapporto con i cittadini e le imprese.

Il piano finanziario per l'azzeramento del divario digitale integra quello previsto per la banda larga ed introduce significative semplificazioni per la fibra ottica necessaria alla banda ultralarga.

Con la definizione di impresa innovativa (startup) si favoriranno gli aspetti più importanti del ciclo di vita di un'azienda per favorire la crescita e la creazione di occupazione in Italia, incentivando infrastrutture e servizi digitali, strumenti fiscali per agevolare la realizzazione di opere infrastrutturali con capitali privati, attrazione degli investimenti esteri in Italia, interventi di liberalizzazione in particolare in campo assicurativo sulla responsabilità civile auto. Vengono assunte misure di defiscalizzazione delle opere infrastrutturali strategiche, costituzione dello Sportello Unico Desk Italia per favorire gli investimenti esteri, miglioramento dell'accesso al credito delle PMI e liberalizzazioni nel settore assicurativo (introduzione di un *contratto base* comune a tutte le compagnie).

2.2.2. Sintesi Agenda Digitale Italiana[63]

Vengono recepiti nel nostro ordinamento i principi dell'Agenda Digitale Europea. L'Italia si dota di uno strumento normativo che costituirà un'efficace leva per la crescita occupazionale, di maggiore produttività e competitività, ma anche di risparmio e coesione sociale, generando una spinta strutturale per la realizzazione delle strategie, delle politiche e dei servizi di infrastruttura e innovazione tecnologica dell'intero Paese. Ogni anno, il Governo presenterà al Parlamento una relazione aggiornata sull'attuazione dell'agenda digitale italiana.

➢ **Identità digitale e servizi innovativi per i cittadini**

- *Documento digitale unificato* - Carta di identità elettronica e tessera sanitaria (art. 1). Viene abbandonata sia la carta di identità che la tessera sanitaria che saranno sostituite gratuitamente da un unico documento elettronico per la registrazione ed il riconoscimento nel rapporto con i servizi online della Pubblica Amministrazione.

- *Anagrafe unificata*, censimento annuale della popolazione e archivio delle strade (artt. 2, 3). Viene istituita l'Anagrafe Nazionale della Popolazione Residente (ANPR), che sostituisce l'Indice Nazionale delle Anagrafi (INA) e l'Anagrafe della popolazione Italiana Residente all'Estero (AIRE). A seguito di tale digitalizzazione l'ISTAT potrà effettuare il censimento annuale generale della popolazione e delle abitazioni (strade e numeri civici), disponendo degli indirizzari e degli stradari comunali.

- *Domicilio digitale del cittadino* e obbligo di *PEC per le imprese* (artt. 4,5). La posta elettronica certificata (PEC) potrà essere il canale di comunicazione tra il cittadino e pubblica amministrazione dal 1 gennaio 2013. Inserito in Anagrafe nazionale della popolazione residente, potrà essere utilizzabile da tutte le amministrazioni pubbliche. Le imprese avranno invece l'obbligo di indicare un proprio indirizzo PEC, così da semplificare e ridurre notevolmente tempi e oneri per gli adempimenti burocratici.

[63] Riepilogo della sintesi proposta dal Ministero dello Sviluppo economico in *Misure urgenti per l'innovazione e la crescita: Agenda Digitale e Startup - Dl Crescita 2.0* del 4 ottobre 2012 e della sintesi dell'Agenda Digitale Italiana in *Misure per l'Agenda Digitale Italiana* ricavato dal comunicato stampa del 4 ottobre 2012 che riporta il decreto pubblicato sulla Gazzetta Ufficiale del 19 ottobre 2012). http://www.sviluppoeconomico.gov.it/, ultima consultazione: 06/05/2013

> **Amministrazione digitale**

- *Procedure digitali* per acquisto di beni e servizi (art. 6). La pubblica amministrazione dovrà procedere all'acquisto di beni e servizi esclusivamente per via telematica, per garantire maggiore trasparenza e tempestività. Inoltre dovrà essere *incentivato il riuso dei programmi informatici finalizzato al risparmio di spesa.*

- Trasmissione obbligatoria di *documenti per via telematica* (artt. 6,7). Tutte le comunicazioni interne alla PA e quelle tra PA e privati, dovranno avvenire esclusivamente per via telematica. L'inadempienza della norma comporterà *conseguenze in capo al personale dirigenziale inadempiente.* Tale previsione telematica riguarda anche il rilascio e la trasmissione delle certificazioni di malattia e di congedo parentale.

- *Biglietti di viaggio elettronici e sistemi di trasporto intelligente* (art. 8). Il Trasporto Pubblico Locale promuove l'adozione di sistemi di bigliettazione elettronica interoperabili (minori costi d'emissione). Forte impulso ai sistemi di trasporto intelligenti (ITS) per incentivare la mobilità sostenibile attraverso i servizi informativi su traffico, viabilità, parcheggio ed emergenza su strada.

- *Pubblicazione dati e informazioni* in formato aperto (art. 9). La pubblica amministrazione pubblicherà dati in formato aperto (open data) senza alcun tipo di restrizione e favorendone il riutilizzo per fini economici e sociali. Possono, attraverso le tecnologie digitali, coinvolgere i cittadini, la società civile e il sistema produttivo nella gestione della cosa pubblica.

> **Servizi e innovazioni per favorire l'istruzione digitale**

- *Fascicolo elettronico* per gli studenti universitari e semplificazione di procedure in materia di università (art. 10). Nell'anno accademico 2013-2014 verrà introdotto il fascicolo elettronico dello studente, contenente tutti i documenti, gli atti e i dati relativi al percorso di studi. Anche i flussi informativi tra gli atenei avverranno in formato digitale, contribuendo alla semplificazione della mobilità degli studenti.

- *Libri e centri scolastici digitali* (art. 11). Dall'anno scolastico 2013-2014 sarà progressivamente possibile adottare libri di testo in versione esclusivamente digitale, oppure abbinata alla versione cartacea. Sarà possibile istituire centri scolastici digitali in collaborazione con il ministero dell'Istruzione, dell'Università e della Ricerca, che consentano il collegamento multimediale e da remoto degli studenti alle classi scolastiche.

➢ **Misure per la sanità digitale**

- *Fascicolo sanitario elettronico, cartella e prescrizione medica digitali* (artt. 12,13). Prende avvio il Fascicolo Sanitario Elettronico (FSE) contenente l'intera storia clinica (dati digitali di tipo sanitario e sociosanitario) del cittadino. Il fascicolo centralizzato prevede che i diversi soggetti del servizio sanitario pubblico contribuiscano *all'aggiornamento in modalità concorrenziale*. Si arriverà alla conservazione delle cartelle cliniche solo in forma digitale ed alla digitalizzazione delle prescrizioni mediche in tempi certi e uguali su tutto il territorio nazionale. Viene prevista la spendibilità delle prescrizioni di farmaceutica a tutto il territorio nazionale.

➢ **Impulso per la banda larga e ultralarga**

- *Azzeramento del divario digitale*, interventi per la diffusione delle tecnologie digitali (art. 14). Nell'intento di azzerare il divario digitale si prevede di finanziare gli interventi per estendere la connessione ad almeno 2 Mbps nelle zone non ancora coperte e nelle aree a fallimento d'impresa.

- *Semplificazione delle procedure* per favorire la diffusione della banda ultralarga e delle nuove tecnologie di connessione e anche wireless. Si prevede l'esenzione della tassa per l'occupazione del suolo e del sottosuolo per la posa della fibra ottica e l'accesso alle parti comuni degli edifici per le operazioni di posa della fibra.

➢ **Moneta e fatturazione elettronica**

- *Pagamenti elettronici* alle pubbliche amministrazioni (art. 15) prevedendo l'obbligo di accettare pagamenti in formato elettronico, indipendentemente dall'importo della singola transazione, per l'erogazione e la gestione dei servizi pubblici. A tal fine i siti istituzionali e le richieste di pagamento devono riportare i codici identificativi del conto di pagamento (IBAN).

- Utilizzo della *moneta elettronica* (art. 15). Dal 1 gennaio 2014 chi effettua attività di vendita di prodotti e di prestazione di servizi deve accettare pagamenti *con carta di debito* (es. bancomat). Il ministero dello Sviluppo economico, di concerto con il ministero dell'Economia e delle Finanze, disciplinerà gli importi minimi, le modalità e i termini, prevedendo anche le tecnologie mobili.

➢ **Giustizia digitale**

- *Biglietto di cancelleria, comunicazioni e notificazioni* per via telematica (art. 16). Le comunicazioni e notificazioni in ambito giudiziario tra cittadini e imprese prevedono disposizioni per snellire modi e tempi. Il destinatario munito di un indirizzo di posta elettronica certificata risultante da pubblici elenchi e la parte costituita in giudizio che lo richieda riceverà in questo modo le comunicazioni e notificazioni a cura delle cancellerie o delle segreterie degli uffici giudiziari.

  Nei procedimenti civili tutte le comunicazioni verranno effettuate esclusivamente per via telematica, mentre nell'ambito dei processi penali tale procedura è prevista per le notificazioni a persona diversa dall'imputato.

- Modifiche alla *legge fallimentare* (art. 17). Le comunicazioni dei momenti essenziali della procedura fallimentare avverranno attraverso l'uso della posta elettronica certificata e di tecnologie online. A titolo di esempio:

  a) la presentazione del ricorso per la dichiarazione di fallimento;

  b) le comunicazioni ai creditori da parte del curatore;

  c) la presentazione della domanda di ammissione al passivo da parte dei creditori.

  La medesima disposizione riguarderà anche l'amministrazione straordinaria delle grandi imprese nel fallimento, nel concordato preventivo e nella liquidazione coatta amministrativa.

- *Sinergia* con l'VIII Programma Quadro Horizon 2020[64] (art. 19). L'intento di promuovere sinergie tra sistema produttivo, di ricerca ed esigenze sociali porta a promuovere progetti di ricerca e innovazione su temi strategici (previsti dall'Unione dell'Innovazione politica[65]) in linea con il programma europeo Horizon 2020.

---

[64] *Horizon 2020* (Orizzonte 2020) è lo strumento finanziario di applicazione di Unione dell'innovazione, il nuovo programma dell'UE per la ricerca e l'innovazione, iniziativa faro prevista da Europa 2020, volto a garantire la competitività globale dell'Europa.
http://ec.europa.eu/research/horizon2020/index_en.cfm?pg=h2020, ultima consultazione: 06/05/2013
[65] *L'Unione dell'Innovazione* si prefigge di fornire finanziamenti per la ricerca e l'innovazione nell'Unione europea razionalizzati, semplificati e basati sulle sfide da affrontare. La Commissione prevede un sostanziale riorientamento del futuro bilancio dell'Unione europea verso la ricerca e

Lo scopo è di sviluppare soluzioni industriali innovative non ancora presenti sul mercato e che rispondano alle esigenze espresse da pubbliche amministrazioni.

- *Comunità Intelligenti* (o **Smart City** o **Smart Community**) (art. 20). Si disegna l'architettura tecnica, di governo e di processo per la gestione delle *Comunità Intelligenti* e dei servizi e dati da queste prodotte. Le Comunità Intelligenti sono partecipative, promuovono l'emersione di esigenze reali dal basso, l'innovazione sociale e prevedono meccanismi di partecipazione, inclusione sociale e efficienza delle risorse - attraverso il riuso e la circolazione delle migliori pratiche.

Il decreto Crescita 2.0, in particolare in riferimento alle *Smart City*[66], attribuisce all'**Agenzia per l'Italia Digitale** (cfr. capitolo 3 - Smart City) un ruolo chiave per la piena realizzazione delle Smart City, attraverso l'individuazione di un unico modello di riferimento che consenta l'effettiva costruzione di luoghi intelligenti partendo dai bisogni della città e dagli obiettivi che si vogliono perseguire attraverso l'innovazione digitale. ,

La seconda parte della normativa *Misure urgenti per l'innovazione e la crescita: Agenda Digitale e Startup - Dl Crescita 2.0* introduce un quadro di riferimento organico per favorire la nascita e la crescita di *imprese innovative (startup)*. Tali norme sono coerenti con le strategie di sviluppo intelligente, sostenibile e inclusivo richieste a livello europeo e definisce i fondi stanziati dal decreto sotto forma di incentivi e di investimento attraverso la Cassa Depositi e Prestiti.

---

l'innovazione, riunendo gli attuali programmi in questo ambito, in un unico quadro strategico denominato Horizon 2020 per finanziare tutto il ciclo dell'innovazione.
Un certo numero di misure di semplificazione relative all'attuale programma quadro (7° PQ) sono già state introdotte all'inizio del 2011, mentre Horizon 2020 darà luogo ad una semplificazione molto più spinta. Fa riferimento agli impegni n. 6, 7 10, 16, 17, 20, 27 dell'Unione dell'innovazione.
cfr. Programma quadro dell'UE per la ricerca e l'innovazione - Stato dell'Unione dell'innovazione 2011 - Relazione sullo stato pubblicato dalla Commissione Europea - Bruxelles, 2.12.2011 - COM(2011) 849 definitivo. - http://eur-lex.europa.eu/LexUriServ/LexUriServ.do?uri=COM:2011:0849:FIN:it:PDF, ultima consultazione: 06/05/2013
[66] *DigitPA* è un ente pubblico non economico, con sede in Roma e competenza nel settore delle tecnologie dell'informazione e della comunicazione nell'ambito della pubblica amministrazione; esso opera secondo le direttive, per l'attuazione delle politiche e sotto la vigilanza del Presidente del Consiglio dei Ministri o del Ministro delegato, con autonomia tecnica e funzionale, amministrativa, contabile, finanziaria e patrimoniale. http://www.digitpa.gov.it, ultima consultazione: 06/05/2013

➢ **Assicurazioni, mutualità e mercato finanziario**

- Misure per l'individuazione e il contrasto delle *frodi assicurative* (art. 21). L'Istituto per la *vigilanza sulle assicurazioni* (IVASS) curerà la prevenzione amministrativa delle frodi per la responsabilità civile dei veicoli a motore, relative all'indennizzo, e all'attivazione di sistemi di allerta preventiva contro i rischi di frode.

- Misure a favore della *concorrenza e della tutela del consumatore* nel mercato assicurativo (art. 22). Le clausole di tacito rinnovo Vengono abolite nel Codice delle Assicurazioni Private e si riporta a 10 anni il termine di prescrizione delle polizze vita "dormienti" mentre verrà definito uno schema di "contratto base" di assicurazione Responsabilità Civile Auto comprensivo delle clausole necessarie ai fini dell'assicurazione obbligatoria. L'offerta anche attraverso internet riporterà separatamente ogni eventuale costo per i vari servizi aggiuntivi. Viene reso obbligatorio la predisposizione, sui siti internet, di apposite aree riservate per la verifica delle proprie posizioni assicurative.

- Misure per l'iscrizione al *registro delle Imprese* ulteriori misure di semplificazione per le società di mutuo soccorso (art. 23). Propone di aggiornare la normativa del 1886 per consentire a tali particolari società di svolgere adeguatamente i propri compiti nel campo socio-sanitario e previdenziale pur garantendo un sistema di vigilanza efficace. Si prevede la necessità di iscrizione delle Società di mutuo soccorso al registro delle imprese e presso l'Albo nazionale delle società cooperative. In base al principio di "mutualità mediata", una Società di mutuo soccorso di minori dimensioni può aderire in qualità di socio ad un'altra analoga società, favorendo le fusioni.

➢ **Norme per favorire la nascita e la gestione di imprese innovative (startup)**

- Definizione di *startup innovativa* e *incubatore certificato* (art.25). Vengono introdotti i requisiti della nuova impresa innovativa: capitale sociale e dei diritti di voto detenuto da persone fisiche; costituita da non più di quarantotto mesi; con sede principale in Italia; produzione annua entro i 5 milioni di euro; non deve distribuire utili; oggetto sociale esclusivo prodotti o servizi innovativi ad alto valore tecnologico; non deve derivare da fusione, scissione o cessione di azienda; deve sostenere spese in ricerca e sviluppo in misura pari o superiore al

30% della produzione; solo personale altamente qualificato per almeno un terzo; detenere una privativa industriale connessa alla propria attività. Deve essere una società di capitali italiana o europea, residente in Italia, con requisiti minimi per la disponibilità di risorse materiali e professionali per svolgere tale attività, iscritta in apposita sezione del Registro delle Imprese e che offra garanzie di massima pubblicità e trasparenza.

- Deroga al diritto societario e *riduzione degli oneri per l'avvio* (art. 26). Vengono fissate deroghe in rapporto al trattamento delle perdite e sulla ricapitalizzazione, al diritti di voto attribuiti ai soci, all'offerta al pubblico quote di partecipazione, all'esonero dai diritti di bollo e di segreteria per l'iscrizione al Registro delle Imprese, nonché dal pagamento del diritto annuale dovuto in favore delle Camere di commercio.

- *Remunerazione* con strumenti finanziari della startup innovativa e dell'incubatore certificato (art. 27). Introduzione di un regime fiscale e contributivo di favore in quanto il reddito concorrerà alla formazione della base imponibile fiscale e contributiva, consentendo l'assegnazione di stock options al personale dipendente o ai collaboratori.

- Rapporto di lavoro subordinato nelle startup innovative (art. 28). Consente di poter instaurare rapporti di *lavoro subordinato a maggiore flessibilità operativa*: a tempo determinato e rinnovabili senza soluzione di continuità, fino a 48 mesi, per diventare a tempo indeterminato superato il limite.

- *Incentivi* all'investimento in startup innovative (art. 29). Per gli anni 2013 - 2015 è consentito detrarre o dedurre dal proprio reddito imponibile una parte delle somme investite in imprese startup innovative.

- Raccolta diffusa di *capitali di rischio tramite portali online* (art. 30). Consente una modalità innovativa di raccolta diffusa di capitale attraverso portali online (crowdfunding[67]) assoggettata alla vigilanza della Consob.

- *Sostegno all'internazionalizzazione* (art. 30). Le startup innovative vengono incluse tra quelle beneficiarie della promozione per l'internazionalizzazione delle imprese italiane in materia normativa, societaria, fiscale, immobiliare,

---

[67] Il *crowdfunding* (dall'inglese *crowd*, folla e *funding*, finanziamento) è un processo collaborativo di di finanziamento dal basso attraverso il quale un gruppo di persone investe denaro per sostenere gli sforzi di persone ed organizzazioni. Deriva dal crowdsourcing, processo di sviluppo collettivo di un prodotto.

contrattualistica e creditizia, l'ospitalità a titolo gratuito alle principali fiere e manifestazioni internazionali, e l'attività volta a favorire l'incontro con investitori potenziali,

- *Gestione della crisi* nell'impresa startup innovativa e attività di controllo (art. 31). L'elevato rischio di mortalità aziendale si sottraggono le startup alle procedure concorsuali assoggettandole alla gestione della crisi da sovra-indebitamento che non prevede la perdita di capacità dell'imprenditore ma del solo patrimonio destinato alla soddisfazione dei creditori.
- *Pubblicità e valutazione dell'impatto* delle misure (art. 32). Il ministero dell'Istruzione, dell'Università e della Ricerca, di concerto con la Presidenza del Consiglio dei Ministri e il ministro dello Sviluppo Economico, promuoverà una campagna di sensibilizzazione sulle opportunità imprenditoriali.

➢ **Ulteriori misure per la crescita.**
- *Credito di imposta* al 50% per la realizzazione di nuove infrastrutture (art. 33). Fino al 31 dicembre 2015 viene introdotto un credito di imposta come contributo pubblico alla realizzazione di opere strategiche per favorire la realizzazione di un considerevole numero di grandi infrastrutture.
- *Sportello Unico* per l'Attrazione di Investimenti Esteri (art. 35). I soggetti imprenditoriali che abbiano intenzione di realizzare investimenti di tipo produttivo e industriale sul territorio italiano possono avvalersi del supporto offerto dallo sportello del ministero dello Sviluppo economico all'uopo istituito.
- Misure per il *rafforzamento dei confidi* (art. 36). Consente ai confidi di rafforzarsi per poter continuare a svolgere il ruolo di sostegno all'accesso al credito delle piccole e medie imprese.
- *Proroga* di un anno per progetto "carbone pulito" (Carbosulcis) e di tre anni per "super interrompibilità" elettrica per la Sicilia e la Sardegna (art.34).

2.2.3. Piano Nazionale Banda Larga

Il Piano Nazionale Banda Larga, autorizzato dalla Commissione europea, si pone l'obiettivo di *azzerare il digital divide* attraverso l'eliminazione, entro il 2013, del deficit infrastrutturale presente in oltre 6 mila località italiane. In tal modo anche gli 8,5 milioni d'italiani che erano esclusi dalla network society potranno recuperare il gap e vedere attuato quanto già previsto dalla legge 18 giugno 2009, n. 69[68]. Il coordinamento dei programmi d'intervento è attribuito al Ministero dello Sviluppo Economico e l'attuazione alla società Infratel Italia[69].

L'ultimo aggiornamento risale al 21 marzo 2013 quando è stato pubblicato il V bando di gara per il proseguimento del Piano Nazionale per la Banda Larga (Abruzzo, Emilia-Romagna, Lazio, Lombardia, Marche, Piemonte, Puglia, Toscana, Umbria e Veneto) e aperta la consultazione pubblica (sino al 21 aprile) per le aree oggetto del VI bando che riguarderà oltre 3.000 aree comunali e circa 2,8 milioni di cittadini e si svilupperà nei prossimi due anni.

2.2.4. Progetto Strategico Banda Ultralarga

Il Progetto Strategico Banda Ultralarga, autorizzato dalla Commissione europea, mira a consentire che tutti i cittadini possano connettersi ad una velocità superiore a 30 Mb/s e che almeno il 50% della popolazione lo possa fare al di sopra dei 100 Mb/s. Il Progetto Strategico definisce una linea unitaria per l'implementazione delle infrastrutture necessarie allo sviluppo dell'economia digitale concedendo interventi pubblici che saranno limitati alle reti di accesso di nuova generazione (NGAN - Next Generation Access Network), *per le sole aree bianche*, cioè quelle nelle quali il mercato non dimostra interesse a investire e dove il divario nella disponibilità di personal computer si traduce anche in uno speculare ritardo nella penetrazione di Internet. Il Sud Italia ha già deciso di puntare sulla banda ultralarga ma si spera che anche tutte le altre regioni italiane aderiscano al progetto.

Per la sua attuazione il Ministero invita le Regioni, le Province autonome e gli enti locali interessati all'intervento a siglare opportuni accordi per l'impiego di fondi pubblici volti alla realizzazione di infrastrutture in fibra ottica o LTE - Long Term Evolution[70], abilitanti la banda ultralarga e conformi alla neutralità tecnologica

---

[68] Legge 18 giugno 2009, n. 69 *Disposizioni per lo sviluppo economico, la semplificazione, la competitività nonché in materia di processo civile* pubblicata nella Gazzetta Ufficiale n. 140 del 19 giugno 2009 - Supplemento ordinario n. 95
http://www.sviluppoeconomico.gov.it/images/stories/mise_extra/Legge%2018%20giugno%202009%20%20n.%2069%20-art.1%20Banda%20Larga.pdf, ultima consultazione: 06/05/2013
[69] *Infratel Italia S.p.A.* (Infrastrutture e Telecomunicazioni per l'Italia) è stata costituita su iniziativa del Dipartimento Comunicazioni del Ministero dello Sviluppo Economico (MISE) e di Invitalia, l'Agenzia nazionale per l'attrazione degli investimenti e lo sviluppo d'impresa.
[70] *LTE - Long Term Evolution* - la più recente evoluzione degli standard di telefonia mobile per promuovere l'uso della banda larga in mobilità, sfruttando l'esperienza e gli investimenti effettuati per le reti 3G e anticipando i tempi rispetto alla disponibilità degli standard di quarta generazione 4G il cui

(separazione tra gestione della struttura di comunicazione, che dovrà consentire di supportare le diverse soluzioni tecnologiche scelte dagli operatori per le connessioni, e attività di commercializzazione dei servizi al dettaglio).

obiettivo è quello di raggiungere velocità di connessione wireless anche superiori a 1 Gb/s.

3. SMART COMMUNITIES / SMART CITY / CITTÀ INTELLIGENTI

3.1. Nascita delle Smart Communities

Le **Smart City** muovono i primi passi per la definizione di una governance e di un modello unitario con il provvedimento **Crescita 2.0** che ha istituito, il primo marzo 2012[71], una **Cabina di Regia**, per coordinare le azioni delle amministrazioni centrali e territoriali e fissare le linee guida dell'**Agenda Digitale Italiana (ADI)** e costituire un gruppo di lavoro denominato "**Smart Communities**". Quella che ancora allora assumeva la denominazione di **DigitPA** è stata invitata a partecipare a tale gruppo di lavoro fornendo i propri contributi.

Nel frattempo un nuovo Decreto Legge[72] ha stabilito che l'**Agenzia per l'Italia Digitale** subentri alla **DigitPA** attribuendogli il compito di realizzare il modello di riferimento multidisciplinare e integrato per le Smart City. In particolare stabilisce che l'**Agenzia per l'Italia Digitale (Gestione ex DigitPA)**[73] "*è preposta alla realizzazione degli obiettivi dell'Agenda Digitale Italiana, in coerenza con gli indirizzi elaborati dalla cabina di regia e con l'Agenda Digitale Europea*".

Di fatto si è trattato esclusivamente di un cambio di denominazione della struttura che permetteva di recuperare l'attività iniziata dall'**Agenda Digitale del Dipartimento per le Comunicazioni**[74], istituita appunto nel marzo 2012, per comunicare a tutti i cittadini la Strategia Italiana per l'attuazione degli obiettivi stabiliti dall'Agenda Digitale Europea.

La richiamata normativa di conversione del d.l. 179/2012 **Crescita 2.0**[75] recepisce le indicazioni contenute nel documento "**Architetture informative per le Comunità Intelligenti**"[76] fornito dall'**Agenzia per l'Italia Digitale (Gestione ex DigitPA)** che

---

[71] *Provvedimento Crescita 2.0 - decreto-legge del 9 febbraio 2012, n. 5 art. 47.*
http://www.lavoro.gov.it/NR/rdonlyres/CA8A6F22-6101-4DB5-B37E-
8EDF2CAB8983/0/20120209_DL_5.pdf, ultima consultazione: 06/05/2013
[72] DL 22 giugno 2012 n. 83 convertito con modifiche dalla L. 7 agosto 2012 n. 134 - *Misure urgenti per la crescita del Paese* - Titolo II - MISURE URGENTI PER L'AGENDA DIGITALE E LA TRASPARENZA NELLA PUBBLICA AMMINISTRAZIONE - Art. 19 Istituzione dell'Agenzia per l'Italia digitale e seguenti. - http://www.altalex.com/index.php?idnot=18725#t2, ultima consultazione: 06/05/2013
[73] Sito istituzionale dell'Agenzia per l'Italia Digitale - Gestione ex DigitPA - http://www.digitpa.gov.it/, ultima consultazione: 06/05/2013
[74] *Ministero Dello Sviluppo Economico - Agenda Digitale del Dipartimento per le Comunicazioni* http://www.sviluppoeconomico.gov.it/ , ultima consultazione: 06/05/2013
[75] Testo aggiornato del DECRETO-LEGGE 18 ottobre 2012 , n. 179 - Sezione VII RICERCA, INNOVAZIONE E COMUNITA' INTELLIGENTI - Art. 20 - *Comunità intelligenti*
http://www.ediltecnico.it/wp-content/uploads/2012/12/conversione-dl-sviluppo-bis.pdf, ultima consultazione: 17/05/2013

definisce il contesto di riferimento per la costruzione della Piattaforma nazionale delle comunità intelligenti.

Per l'illustrazione del seguente documento si è provveduto ad analizzarne il contenuto esponendone una sintesi che permettesse di acquisire informazioni esaurienti sui contenuti che costituiscono la base sulla quale è stata elaborata e strutturata la normativa successivamente emanata. Sono invece state accantonate le indicazioni particolari che verranno considerate nel merito nel capitolo successivo quando si parlerà di conformità ed al solo scopo di verificare quanti dei suggerimenti tecnici sono poi stati inseriti nella normativa finale.

3.2. Architetture informative per le Smart Community / Smart City

Il documento raccoglie, integra e sviluppa quanto prodotto dal Gruppo di Lavoro dell'Agenda Digitale Italiana sulle Smart City a cui l'Agenzia per l'Italia Digitale è stata invitata a partecipare. Rappresenta un **documento di Raccomandazioni**, che verranno aggiornate alla luce dei possibili cambiamenti normativi e tecnologici nascenti in tale ambito, con lo scopo di "*discutere e proporre un approccio metodologico e di governance per la piena attuazione del paradigma delle Smart City*".

Introduce il contesto delle Smart City/Community (SC), evidenzia gli obiettivi delle presenti raccomandazioni fornendo una definizione del concetto SC, illustra gli ambiti che caratterizzano il paradigma delle Smart Community evidenziando i possibili attori coinvolti nella piena realizzazione di tali ambiti. Discute lo stato dell'arte in Europa e in italia e descrive il modello di riferimento proposto, analizzandolo sia sul piano tecnico che sugli aspetti di sostenibilità e governance. Illustra le tecnologie di base e gli standard che possono essere utilizzati e discute del ruolo del **Sistema Pubblico di Connettività (SPC)**[77] nella realizzazione del modello. Infine analizza l'attuale

---

[76] *Architetture informative per le Comunità Intelligenti*: visione concettuale e raccomandazioni alla pubblica amministrazione.   http://www.digitpa.gov.it/sites/default/files/ArchSC_v2.0.pdf, ultima consultazione: 16/04/2013

[77] Il *Sistema Pubblico di Connettività (SPC)* è un insieme di infrastrutture tecnologiche e di regole tecniche che ha lo scopo di "federare" le infrastrutture ICT delle pubbliche amministrazioni al fine di realizzare servizi integrati mediante regole e servizi condivisi. Tale integrazione permette di risparmiare sui costi e sui tempi, e di realizzare i servizi finali centrati sull'utente, evitando richieste continue di dati da parte delle amministrazioni, oltre che duplicazioni di informazioni e controlli. http://www.digitpa.gov.it/spc, ultima consultazione: 06/05/2013

normativa vigente evidenziando eventuali "gap" da colmare ed espone con un insieme di raccomandazioni e spunti per una visione strategica unitaria.

3.2.1. Definizione di Smart Community / Smart City

Il nostro paese in ambito europeo si colloca al 23° posto nel 2011 per diffusione delle tecnologie digitali[78] ed il 4,8% della popolazione evidenzia un divario digitale di base[79] (disponibilità di una connessione a 2 Mbps). La Commissione Europea ritiene che soltanto attraverso un utilizzo massiccio ed efficace delle tecnologie dell'informazione e della comunicazione si possa realmente offrire ai cittadini una migliore qualità della vita e che l'intero impianto dell'agenda digitale può ritenersi efficace solo se le nuove applicazioni da realizzare sono interoperabili e si basano su standard e piattaforme sempre più aperte.

Inoltre definisce gli standard e sancisce la cooperazione tra le pubbliche amministrazioni e tra le pubbliche amministrazioni e gli attori della società, che possono realizzare effettivi benefici attraverso i servizi e i dispositivi digitali:

Con il termine **Smart City/Community (SC)** si intende quel luogo e/o contesto territoriale ove l'utilizzo pianificato e sapiente delle risorse umane e naturali, opportunamente gestite e integrate mediante le numerose tecnologie ICT già disponibili, consente la creazione di un ecosistema capace di utilizzare al meglio le risorse e di fornire servizi integrati e sempre più intelligenti (cioè il cui valore è maggiore della somma dei valori delle parti che li compongono).

Definisce il concetto di *smartness* che richiama la possibilità di poter entrare in relazione con la comunità in cui si vive e gli elementi che ne fanno parte, andando a costruire un rapporto vantaggioso sia per i singoli che per la stessa comunità. Si propone di realizzare una società sostenibile (sotto il profilo IT, energetico e ambientale), confortevole, attrattiva, sicura, in un contesto di inclusività e coesione territoriale, di open government, ma soprattutto capace di offrire servizi tecnologici integrati con un'adeguata rete di telecomunicazione fissa e mobile, per restare al passo con la domanda di sviluppo e benessere per la comunità internazionale e garantire un effettivo

---

[78] *IStat* – L'Italia sotto la media europea nell'utilizzo di Internet -
http://noi-italia.istat.it/fileadmin/user_upload/allegati/88.pdf, ultima consultazione: 17/05/2013
[79] *Cassa Depositi e Prestiti – Studio di settore*, "Banda larga e Reti di Nuova Generazione – La banda larga in Italia: presupposti per lo sviluppo di un'infrastruttura strategica", Agosto 2012.

sviluppo urbano equilibrato.

L'obiettivo primario è quello di individuare un **modello unico di riferimento** sul quale convergere al fine di ottenere integrazione, cooperazione, inclusione e massimizzazione degli investimenti e degli obiettivi delle pubbliche amministrazioni, realizzando le condizioni di ampia replicabilità, scalabilità e di sviluppo.

Il modello proposto nel documento segue il rapporto **European Smart Cities** realizzato dall'Università di Vienna in collaborazione con quelle di Lubiana e Delft[80] ed il bando pubblicato dal Ministero dell'Istruzione, Università e Ricerca il 2 marzo 2012 rivolto alle **quattro Regioni ad Obiettivo Convergenza** - Campania, Calabria, Puglia e Sicilia.

3.2.2. Ambiti applicativi e attori coinvolti

Gli **ambiti individuati** sono i seguenti:

➢ **Mobilità, trasporti e logistica**: il traffico negli ultimi anni è diventato un problema sempre più importante. Con lo spostamento della popolazione nei grandi centri urbani, le infrastrutture non sono più in grado di sostenere l'impatto del traffico. In tale contesto, questo ambito consente di supportare l'innovazione nel settore dei trasporti e della logistica per sviluppare la mobilità urbana e interurbana a basso impatto ambientale, la logistica sostenibile, e una maggiore efficienza nella gestione dei circuiti di distribuzione delle merci, anche attraverso l'ottimizzazione della logistica di ultimo miglio.

L'adozione di sistemi di trasporto intelligenti può influenzare la domanda di trasporto e può comportare per i cittadini:

- spostamenti agevoli,
- trasporto pubblico e delle merci innovativo,
- regolamentazione dell'accesso ai centri storici,
- riduzione delle esternalità del trasporto pubblico, quali congestione, inquinamento atmosferico ed acustico, incidenti,
- soluzioni avanzate di gestione della mobilità che possano restituire ai cittadini, in tempo reale, dati utili sul traffico, sui percorsi da seguire per

---

[80] *European Smart Cities*, http://www.smart-cities.eu, ultima consultazione: 16/04/2013

raggiungere destinazioni di interesse e sugli scambi con aree limitrofe, e che possano gestire e sfruttare al meglio le infrastrutture (strade, parcheggi, ecc.) e attrezzature e mezzi (veicoli pubblici, biciclette, auto in car sharing, car pooling, punti di ricarica elettrici, ecc.).

➢ **Energia ed edilizia intelligente**: questo ambito si focalizza sull'adozione di nuove infrastrutture di **smart grid** per la gestione e distribuzione dell'energia elettrica, e di piattaforme avanzate di misurazione in grado di monitorare costantemente i consumi energetici. Ciò prevede diversi modelli di servizio "intelligenti" per le città:

- *smart street* che si focalizza sull'ottimizzazione dei consumi dell'infrastruttura di illuminazione pubblica.

- *Smart Home* che definisce un nuovo modo di concepire la gestione energetica dell'abitazione. Si avvale di *Smart Meter* (contatori intelligenti) a schemi di fatturazione e tariffazione flessibili, elettrodomestici intelligenti interoperabili, per gestire da remoto e in modo proattivo il consumo di energia .

- *Smart Building* per gli ambienti di lavoro (uffici, impianti pubblici come palestre stadi, scuole, ecc.) che consentono un controllo integrato dei diversi *sistemi* (sicurezza, riscaldamento, ascensori, sensori, ecc.) e *processi* (manutenzione, controllo accessi, ecc.) Il sistema edificio deve sempre più rispondere a requisiti sull'ambiente, sul consumo energetico e sulla sicurezza dal punto di vista dell'impatto, della costruzione ed del suo mantenimento.

- *Micro Smart Grid o campus* energicamente bilanciati che consistono in aree interconnesse, da un punto di vista della produzione e consumo di energia, con l'obiettivo di raggiungere e/o superare l'equilibrio (ospedali, campus universitari, centri commerciali e/o direzionali).

➢ **Sicurezza pubblica urbana**: elemento cruciale nello scenario riguarda principalmente la criminalità urbana, i disastri le emergenze, il terrorismo verso le infrastrutture fisiche, informatiche e verso la popolazione e la sicurezza dei trasporti.

- *Urban Safety* per il controllo in tempo reale di eventi criminosi o di disastri tendenti a riqualificare aree cittadine: soluzioni sense & respond, Emergency Response, tecnologia wireless e PLC[81] per il controllo delle condizioni ambientali, per servizi di videosorveglianza e di comunicazione tramite display informativi.

➢ **Ambiente e risorse naturali**: ottimizza la gestione delle risorse naturalistiche e socio-culturali secondo principi di equità e sostenibilità, attraverso lo sviluppo di tecnologie e modelli operativi finalizzati alla gestione, trattamento e rivalorizzazione delle risorse naturali, nonché alla tutela della biodiversità. Riguarda lo smaltimento dei rifiuti, le risorse idriche, il verde e il decoro urbano, la bonifica delle aree dismesse e lo sviluppo di orti e giardini urbani.

➢ **Turismo e cultura**: per sostenere l'innovazione del sistema del turismo, delle attività culturali, e del patrimonio artistico, promuovendo la partecipazione alla vita pubblica, la creatività, il multi e inter-culturalismo e il turismo e le culture locali in generale. La valorizzazione delle tradizioni delle città e del paese passa attraverso lo sviluppo di soluzioni per la diagnostica, il restauro, la conservazione e la digitalizzazione dei beni culturali materiali e/o immateriali per rendere più competitiva la filiera produttiva turistica.

➢ **Sanità intelligente e assistenza:** per sostenere l'innovazione del sistema sanitario attraverso lo sviluppo di servizi di e-Health nazionali, regionali e comunali, di soluzioni nell'area della salute e del benessere, contribuendo a migliorare l'interazione tra le strutture sanitarie del territorio. Individua attività e forme di assistenza che possono essere gestite a distanza facilitando una maggiore cooperazione tra centri sanitari sia specializzati che periferici (medicina telematica, remotizzazione e mobilizzazione di dati e applicazioni cliniche, cartelle cliniche elettroniche, prenotazione e di ritiro referti in rete, accesso a banche dati sui farmaci, su normativa e giurisprudenza di interesse per la Sanità, l'archiviazione centralizzata di immagini diagnostiche e relativi referti).

➢ **E-education**: per sostenere e potenziare l'innovazione nella scuola, finalizzata alla modifica degli ambienti di apprendimento e alla ridefinizione dello spazio e del tempo nella didattica. La rilevanza di questo assunto è evidente se si considera che la scuola, oltre ad essere il luogo privilegiato di formazione dei futuri cittadini, è anche uno degli interlocutori importanti nel processo di sviluppo e coesione della società. Si propongono a tal fine:

---

[81] PLC - *Power Line Communication* - Onde convogliate, un metodo di comunicazione per trasmissione su linee elettriche, sovrapponendo segnali modulati al trasporto di corrente elettrica.

- *nuovi paradigmi* per la didattica che offrano repository di contenuti digitali e servizi per docenti e studenti, consentendo di mettere a sistema esperienze e patrimoni locali ed evitare la dispersione di energie o la duplicazione di risorse;

- *contenuti digitali,* quali strumenti per arricchire il percorso educativo e fare esperienze, in affiancamento ai libri che, in versione cartacea o e-book, sono i classici strumenti per veicolare conoscenze;

- *tecnologie a supporto della didattica,* come le Lavagne Interattive Multimediali (LIM) e i dispositivi, strumenti capaci di dare valore aggiunto alla didattica e permettere l'interazione, anche verso l'esterno;

- formazione per i docenti, chiamati a misurarsi e a fare propri strumenti, contenuti e codici nuovi e ad integrarli in modo proficuo e significativo nell'insegnamento.

Vantaggi considerevoli ne conseguono per le piccole scuole ubicate nei comuni montani e isolani, che rischiano la chiusura per l'impossibilità di formare classi e che possono beneficiare delle tecnologie didattiche per l'apprendimento in modalità e-learning.

➢ **Spazi pubblici e aggregazione sociale**: valorizza gli spazi pubblici delle città che possono diventare luoghi per l'apprendimento continuo e la formazione in tutte le sue forme. Si fa riferimento a servizi e tecnologie per eliminare le barriere architettoniche, servizi di localizzazione per raggiungere un vasto bacino di utenti e servizi di pubblicazione eventi per proporre e promuovere attività di carattere pubblico. Ciò consente di avvicinare le persone ai servizi assistenziali, l'inclusione e l'aggregazione sociale delle fasce di popolazione più deboli quali anziani, persone con disabilità, malati, e minori. Riguarda anche le associazioni culturali, il terzo settore, le associazioni di volontariato che possono fortemente contribuire al raggiungimento degli obiettivi prima descritti.

➢ **E-goverment:** sostiene l'innovazione dei servizi al pubblico, con particolare riguardo al settore e-government e alle imprese, specialmente le PMI – Piccole e Medie Imprese. Questo ambito quindi consente di supportare la digitalizzazione dei processi, il cloud computing, l'open source, l'open data, ogni tipo di comunicazione digitale da e verso la PA (giustizia digitale, ricette elettroniche, fascicolo sanitario, tessera sanitaria, carta nazionale dei servizi, carta d'identità elettronica).

3.2.3. Modello di riferimento e governance

Il documento si dilunga, inoltre, su alcune iniziative volte allo sviluppo del paradigma delle Smart Community nel contesto europeo e in quello italiano, allo scopo di evidenziarne i modelli di integrazione possibili, sviluppando approfondimenti su *iniziative che saranno incluse nella relazione strategica per l'Agenda Digitale*.

Dall'esposizione dei progetti emerge che, per alcuni versi, sono già superati e comunque riguardano realtà mondiali diverse mentre alcuni di quelli italiani presentati sono datati (cfr. esperienza di ospedalizzazione a domicilio[82] del Molinette di Torino, avviata nel 1985) che non attiene a quanto proposto dal modello Smart Community europeo in quanto, pur esistendo già una serie di servizi e soluzioni tecnologicamente avanzate per le Smart Community, esse **presentano alcune limitazioni**:

- sono spesso chiuse su sé stesse,
- non consentono il riuso di componenti comuni,
- sono vendor lock-in, per cui modifiche ed evoluzioni possono essere effettuate solo dal fornitore originale.

Per superare tali limitazioni, è importantissimo cominciare a pensare a un'architettura orizzontale standardizzata che si ponga come piattaforma abilitante per la crescita e diffusione di servizi intelligenti. In tale ottica, più attinente al paradigma SC, riferisce del Progetto Europeo di standardizzazione della Commissione Europea che, attraverso l'ICT Policy Support Programme (ICT-PSP), ha finanziato un progetto i-SCOPE[83] (Interoperable Smart City services through an Open Platform for urban Ecosystems), *partecipato da alcuni attori italiani e guidato da un italiano*, il cui obiettivo è quello di sviluppare e validare tecnologie interoperabili per i servizi di SC. Segnala pure il già richiamato 7° Programma Quadro, con il quale la Commissione ha finanziato il progetto chiamato CONCORD[84], che funge da unico integratore delle soluzioni proposte

---

[82] Telecom Italia, *"Teleassistenza on the cloud per le Molinette di Torino"*, http://saperi.forumpa.it/story/65382/teleassistenza-cloud-le-molinette-di-torino, ultima consultazione: 06/05/2013

[83] *I-Scope project* - i-SCOPE è supportata dal CIP / ICT PSP Obiettivo Identifier 5.1: Open Innovation per i servizi abilitati per Internet in 'Smart Cities' - http://www.iscopeproject.net/, ultima consultazione: 06/05/2013

[84] *ETSI Machine to Machine Communications* - M2M standardization - http://www.etsi.org/website/technologies/m2m.aspx, ultima consultazione: 16/04/2013

attraverso la standardizzazione delle varie interfacce radio che possono avere un comportamento molto diverso.

Ipotizza alcuni *modelli di integrazione* tra servizi per consentire alle reti/servizi/sistemi esistenti, offerti da soggetti strutturati, di cooperare al fine di produrre informazioni arricchite. In questo caso è necessario predisporre opportune regole tecniche di interoperabilità che siano compatibili con gli attuali framework di riferimento (sia quelli sviluppati a livello locale, sia quello a livello nazionale SPC – Sistema Pubblico di Connettività e Cooperazione)

I principali aspetti di sostenibilità del modello proposto sono sintetizzabili in:

- *Organizzazione*: occorrerà un modello organizzativo, al di sopra di quello attuale, dedicato ad affrontare le tematiche smart per poter interfacciare adeguatamente ed efficacemente con i vari responsabili di processi interni ed esterni alla PA.
- *Capacità di guida ed indirizzo* che sappia ben gestire la transizione tra le soluzioni ed i modelli "legacy" o tra le soluzioni di prima generazione verso modelli standardizzati, garantendo scalabilità, replicabilità e costruzione di Competence Center locali.
- *Capacità di analisi* delle soluzioni esistenti, implementate o in arrivo sull'orizzonte tecnologico, in modo da favorire la loro graduale integrazione e orientare/indirizzare la *convergenza verso gli standard più consolidati*, evitando una frammentazione eccessiva che minerebbe alla base la scalabilità e replicabilità, nonché l'ottimizzazione economica ed ambientale in senso lato.
- *Struttura della sicurezza* come denominatore comune che tocca le comunità in termini di privacy e di sicurezza fisica relativamente ai dati raccolti ed integrati, aggregati, elaborati e resi fruibili, anche dove non erano stati originariamente generati, riformulando politiche e vincoli nell'ottica della sostenibilità.
- *Cultura partecipativa* avviando politiche e iniziative abilitanti che investano la diffusione di conoscenze tecnologiche, campagne ed iniziative di informazione aperta e trasparente volte alla diffusione delle conoscenze delle problematiche ambientali e dei relativi risvolti economici.

Un aspetto trasversale a tutto quanto detto sopra è sicuramente la capacità di *imporre forti requisiti di scalabilità e replicabilità dei modelli*. La spinta a privilegiare la dimensione orizzontale dei modelli rappresenta sicuramente un elemento decisivo in questa direzione, ma non basta.

Per rendere attuabile una politica di sviluppo delle iniziative appartenenti al paradigma delle Smart Community occorre dare un impulso significativo alle azioni di governance centrale per poter regolare e dirigere un fenomeno ampio su scala nazionale. La soluzione potrebbe essere una Commissione preposta agli indirizzi strategici sulle iniziative SC.

3.2.4. Tecnologie per le Smart City

Questa sezione declina ulteriormente il modello di architettura federato e introduce le varie componenti tecnologiche che lo compongono.

3.2.4.1. Tecnologie di base e standard

Tutti i servizi intelligenti tipici di una Smart Community si basano fondamentalmente su infrastrutture tecnologiche condivise e mappabili nel campo dell'ICT. Per infrastruttura tecnologica condivisa si intende un'architettura che permette la raccolta dei dati da varie fonti, il loro trasporto e la condivisione tra più sistemi, rendendo così possibile l'utilizzo degli stessi dati da parte di più applicazioni permettendo anche a un cittadino di interagire, abilitandolo a fruire e fornire dati in maniera diretta, secondo il cosiddetto paradigma tecnologico del Participatory Sensing. Tale infrastruttura è composta da:

- sistemi IT (elaboratori),
- reti di trasmissione dati (linee fisse e wireless) indispensabile per veicolare i dati:
  - o telecomunicazioni NGN (Next Generation Networks),
  - o telecomunicazioni LTE (Long Term Evolution - evoluzione del GSM, UMTS, HSPA che migliora notevolmente la qualità del servizio mobile a banda larga)
- dispositivi specifici per la raccolta di dati (misuratori, attuatori, sensori, ecc.).

3.2.4.2. Altre tipologie di tecnologie per le Smart City

Molte sono le tecnologie, sia standard che proprietarie, impiegate nella costruzione delle infrastrutture per la realizzazione di Smart Community. Tra queste tecnologie riusciamo a distinguerne in particolare due:

- *tecnologie abilitanti* il paradigma delle Smart Community (orizzontali)
- *tecnologie per un ulteriore valore aggiunto* delle Smart Community (verticali)

3.2.4.3. Le Tecnologie abilitanti

Nella visione dell'*Internet delle Cose* (Internet of Things - IoT) sistemi fortemente integrati connettono hardware dedicato per i rilevamenti e le misurazioni degli eventi o dei valori presi in considerazione (sensori atmosferici, videocamere, sensori misuratori di particolari grandezze quali corrente, tensione ecc.) con il mondo esterno, utilizzando dispositivi (Gateway) che interfacciano tali sensori e trasmettendo dati ed informazioni attraverso una rete di comunicazione. I sensori sono dotati di capacità elaborative, di immagazzinamento dei dati rilevati e di capacità trasmissive da e verso gli altri dispositivi interconnessi della rete a cui appartiene. Nello IoT ci si aspetta che <u>le cose interagiscano in maniera proattiva</u> nei processi di business, sociali o informativi dove vengono impiegate, comunicando sia reciprocamente che con l'ecosistema in cui sono ospitate. Le reti di comunicazione di tipo *sensor network*, cablate e wireless, rappresentano un'area di enorme importanza grazie ai numerosi scenari applicativi in cui è possibile trovarne applicazione. Tra le tecnologie radio disponibili enumeriamo le *Wi-Fi*, *ZigBee* (comunicazione ad alto livello, bassa potenza basato sullo standard IEEE 802.15.4, progettati per l'uso in applicazioni specifiche - embedded - che richiedano un basso transfer rate e bassi consumi), *NFC* (Near Field Communication - comunicazione di prossimità - una tecnologia wireless bidirezionale a corto raggio fino a un massimo di 10 cm), *RFID* (Radio Frequency IDentification o Identificazione a radio frequenza per l'identificazione e/o memorizzazione di dati di oggetti, animali o persone attraverso dispositivi elettronici detti transponder) e *PLC* (Power Line Communications - Onde convogliate, un metodo di comunicazione per trasmissione su linee elettriche, sovrapponendo segnali modulati al trasporto di corrente elettrica.

Le infrastrutture ITC di comunicazione, i servizi middleware (programmi informatici che fungono da intermediari tra diverse applicazioni), le Tecnologie di Data Management (DBMS - programmi per gestire banche dati e base di dati) consentono di raccogliere, analizzare e correlare le informazioni provenienti da sistemi di monitoraggio eterogenei al fine di aumentare il contenuto informativo, anche per l'identificazione di minacce ed intrusioni. In aggiunta a queste il *Cloud computing* e *High performance computing* sviluppano funzionalità ancora più efficienti, scalabili e facilmente programmabili per raccogliere, catalogare, elaborare e analizzare grandi quantità di dati in tempo reale.

3.2.4.4. Le Tecnologie per un ulteriore valore aggiunto

Le tecnologie per un ulteriore valore aggiunto rendono possibile la creazione e la fruizione di servizi specifici nei particolari contesti di ecosistemi costituenti di una Smart City, spaziando dalla digitalizzazione dei processi di gestione del territorio, al tele-monitoraggio e telecontrollo per i servizi di pubblica utilità, alla sicurezza, al risparmio energetico, alla comunicazione, ecc. Potremmo parlare di Tecnologie per la gestione dell'energia, il rilevamento della posizione (*geolocalizzazione*), la gestione dell'illuminazione pubblica, il risparmio energetico degli edifici (*Smart Building*), la mobilità sostenibile, l'e-education, la Teleassistenza e Telemedicina, Sistemi di Videoanalisi e Video Management, l'informazione del cittadino, la virtualizzazione dei servizi al cittadino (*Virtual Citizen Services*), il lavoro distribuito (*Smart Work Center*).

3.2.5. Normativa di riferimento

3.2.5.1. Codice dell'Amministrazione Digitale - CAD

Per definire più chiaramente il quadro normativo nel quale è integrata la normativa Smart City occorre richiamare il dettato **Costituzionale** dell'art. 41 che recita "*La legge determina i programmi e i controlli opportuni perché l'attività economica pubblica e privata possa essere indirizzata e coordinata a fini sociali*" e dall'art. 117, lettera r) che recita [...] è potestà esclusiva dello stato il coordinamento informativo statistico e informatico dei dati dell'amministrazione statale, regionale e locale".

Il **Codice dell'Amministrazione Digitale - CAD**[85] - nella versione 09/04/2013 redatta al solo scopo di facilitarne la lettura a seguito delle modifiche ed integrazioni introdotte dal decreto-legge **Decreto crescita 2.0**, stabilisce che lo "*Stato, le regioni e le*

---

[85] *Codice dell'Amministrazione Digitale* - CAD Decreto Legislativo 7 marzo 2005, n. 82 - Testo vigente dal 19/12/2012 Ultimo aggiornamento: 09/04/2013 - http://www.digitpa.gov.it/amministrazione-digitale/CAD-testo-vigente, ultima consultazione: 06/05/2013

autonomie locali assicurano la disponibilità, la gestione, l'accesso, la trasmissione, la conservazione e la fruibilità dell'informazione in modalità digitale e si organizzano ed agiscono a tale fine utilizzando con le modalità più appropriate le tecnologie dell'informazione e della comunicazione".

3.2.5.2. Sistema Pubblico di Connettività (SPC)

Il **Sistema Pubblico di Connettività**[86] viene definito dal CAD all'art. 73 come *"l'insieme di infrastrutture tecnologiche e di regole tecniche, per lo sviluppo, la condivisione, l'integrazione e la diffusione del patrimonio informativo e dei dati della pubblica amministrazione, necessarie per assicurare l'interoperabilità di base ed evoluta e la cooperazione applicativa dei sistemi informatici e dei flussi informativi, garantendo la sicurezza, la riservatezza delle informazioni, nonché la salvaguardia e l'autonomia del patrimonio informativo di ciascuna pubblica amministrazione."*

All'art. 50 chiarisce che ci si riferisce alla disponibilità dei dati delle pubbliche amministrazioni e delle società interamente partecipate da enti pubblici o con prevalente capitale pubblico e quindi a **tutti i dati che siano prodotti dalle PA** e, all'art. 68, recita: *"Le pubbliche amministrazioni nella predisposizione o nell'acquisizione dei programmi informatici, adottano soluzioni informatiche, quando possibile modulari, basate sui sistemi funzionali [...], che assicurino l'interoperabilità e la cooperazione applicativa e consentano la rappresentazione dei dati e documenti in più formati, di cui almeno uno di tipo aperto, salvo che ricorrano motivate ed eccezionali esigenze".*

Le norme primarie esistono salvo declinarle per rendere l'applicazione nel contesto delle PA più adatto anche ai dispositivi smart, attraverso la produzione di linee guida e la definizione di criteri di convergenza ed interoperabilità.

In questa visione è auspicabile un'integrazione dei servizi infrastrutturali di rete, possibilmente attraverso centri servizio in tecnologia cloud, che si estenda anche agli applicativi di base (ad esempio, web server, data base, back-up, ecc.) in modo da rendere disponibili, in maniera agevole, i supporti fondamentali per realizzare i servizi con un uso condiviso di informazioni, servizi e applicazioni. Ciò consentirebbe un dialogo in modalità open data, non solo per i dispositivi quali i sensori ma anche tra

---

[86] Il *Sistema Pubblico di Connettività (SPC)* - http://www.digitpa.gov.it/spc, ultima consultazione: 06/05/2013

sistemi che diventerebbero così compatibili o almeno interfacciabili. Così operando l'infrastruttura sarebbe in grado di raccogliere, distribuire e rendere immediatamente fruibili i servizi e le applicazione richieste dalle SC.

3.2.5.3. Sicurezza e privacy dell'informazione

Nella condivisione, riuso ed integrazione dei dati tra soggetti diversi, in ambito sia pubblico che privato, trova nel Codice dell'Amministrazione Digitale un contenimento nel trattamento dei dati personali riferibili a *"interessati identificati o identificabili"*.

All'articolo 2 comma 5 del Codice del CAD si prevede che le disposizioni si applichino *"nel rispetto della disciplina rilevante in materia di trattamento dei dati personali e, in particolare, delle disposizioni del codice in materia di protezione dei dati personali approvato con decreto legislativo 30 giugno 2003, n. 196"*.

In materia di protezione dei dati personali, nel contesto delle PA, occorre tener presente che i trattamenti di dati da parte di soggetti pubblici ai sensi del Codice (d.lgs. 30 giugno 2003, n. 196) possono aver luogo "*esclusivamente per finalità istituzionali e nel rispetto dei limiti e delle condizioni stabiliti dal quadro normativo di riferimento*" e che la comunicazione di dati personali ad altri soggetti è "*consentita solo se prevista da norme di legge o di regolamento*" oppure, nel caso di comunicazione ad altra PA, "*se necessaria per lo svolgimento di funzioni istituzionali e in assenza di specifiche disposizioni legislative o regolamentari, previa comunicazione all'Autorità Garante*".

In merito a queste norme sussistono numerose personali ed ingiustificate interpretazioni che hanno portato le PA a prescrivere protocolli di intervento o comportamento a volte censurabili e fonte di sistematiche contrapposizioni tra gli utenti. Per i soggetti pubblici non esiste obbligo di raccolta del consenso, poiché è la legge (o il regolamento) a prevedere un determinato trattamento, con esclusione degli organismi sanitari e dei medici nell'esercizio delle attività di cura tenuti a raccogliere il consenso degli interessati.

Poichè con la creazione di Smart Community diventa indispensabile consentire la condivisione di informazioni deve essere assicurato il rispetto di alcune garanzie sostanziali pertanto i dati devono essere sottoposti ad un *regime di conoscibilità differenziato*, legato alla modalità di loro acquisizione e alle caratteristiche del soggetto che li ha raccolti, che *condiziona il suo utilizzo condiviso*. Ciò può evvenire attraverso accordi di servizio.

Va segnalato che la protezione dei dati è armonizzata a livello europeo dalla direttiva 46/95/CE per la quale è in corso una profonda revisione tramite la proposta di regolamento recentemente formulata dalla Commissione europea. Il nuovo Regolamento, se approvato, sarà immediatamente esecutivo e non richiede atti di recepimento.

Il documento prosegue con un'ampia serie di indicazioni, suddivise per categorie, a seconda dei principi in esse definiti. Sono indicazioni di carattere generale, per la sostenibilità del modello Smart City, per la governance, i dati, gli standard, le tecnologie e il riuso, la privacy e la sicurezza dei dati, e per alcuni ambiti verticali: sicurezza pubblica, e-education, crescita sostenibile e occupazione.

3.2.6. Visione strategica condivisa

Per consentire eventuali economie di scala nel riuso e nell'integrazione di infrastrutture tecnico/organizzative già presenti sul territorio, nonché per procedere con coerenza, omogeneità ed in modalità integrata, deve essere prevista una strategia per la realizzazione di Smart Community a livello nazionale. La strategia deve toccare diversi aspetti quali una governance che raccordi le diverse iniziative per uno sviluppo coerente dell'innovazione nelle città, che consideri diversi punti chiave quali la definizione delle specifiche dei documenti "open" e "standard", modelli e architetture di interoperabilità con l'impiego di "autorità qualificate" e i ruoli di sussidiarietà.

Devono inoltre essere definite categorie di indicatori prestazionali (Key Performance Indicator) relativamente ai livelli di standardizzazione e di integrazione raggiunti, all'operatività delle Smart Community, alla qualità dei risultati raggiunti sulla sostenibilità ed inclusione e al livello di soddisfazione dei cittadini. Non va dimenticata una particolare attenzione alla valutazione della qualità dei sistemi ed alle possibili problematiche legate all'indirizzamento massivo di dispositivi tramite protocollo IP (passaggio al protocollo IPv6).

Sul versante dell'inclusione sociale e della partecipazione va proposta una vetrina per la promozione delle soluzioni, interventi di alfabetizzazione con interventi tecnologici ai fini della diminuzione del digital divide. Va infine sottolineato che la valutazione degli indicatori di servizio prestazionali deve considerarsi lo strumento decisionale indispensabile per motivare il passaggio dalle logiche di sperimentazione a logiche di sistema che rendano stabili e duraturi i benefici della digitalizzazione dei servizi in ottica Smart City.

3.3. Decreto crescita 2.0 - Smart Community / Smart City

Il testo del decreto legge *Decreto crescita 2.0* del 18/10/2012, n. 179 alla sezione VII, art. 20 sulla Ricerca, Innovazione e Comunità Intelligenti, tratta specificatamente delle **Comunità Intelligenti** definendo l'intera specifica materia di seguito sintetizzata.

1. L' *Agenzia per l'Italia Digitale* definisce strategie e obiettivi, coordina il processo di attuazione e predispone gli strumenti tecnologici ed economici per il progresso delle comunità intelligenti:

   a. predispone annualmente, entro febbraio, il *piano nazionale delle comunità intelligenti* e lo trasmette al Presidente del Consiglio dei Ministri che lo approva entro il mese successivo;

   b. predispone il *rapporto annuale sull'attuazione del piano nazionale* entro il mese di gennaio;

   c. emana le *linee guida* recanti definizione di standard tecnici;

   d. istituisce e gestisce la *piattaforma nazionale delle comunità*.

2. Presso l'Agenzia per l'Italia Digitale è istituito il Comitato tecnico delle Comunità Intelligenti, formato da undici componenti nominati dal direttore generale dell'Agenzia, che durano in carica 3 anni.

3. Il Comitato tecnico delle Comunità Intelligenti propone il recepimento di standard tecnici utili allo sviluppo della piattaforma nazionale.

4. Lo *Statuto* della cittadinanza intelligente è adottato con decreto del Presidente del Consiglio dei Ministri, da redigere sulla base dei seguenti criteri:

   a. definizione dei principi e delle condizioni, compresi i parametri di accessibilità e inclusione digitale che indirizzano le politiche delle comunità intelligenti;

   b. elencazione dei protocolli d'intesa tra l'Agenzia e le singole amministrazioni, nei quali ciascuna di esse declina gli obiettivi del piano nazionale delle comunità intelligenti.

5. L'Agenzia e le singole amministrazioni locali interessate stabiliscono congiuntamente le *modalità di consultazione pubblica* periodica mirate all'integrazione dei bisogni emersi dalla cittadinanza.

6. La sottoscrizione dello Statuto è condizione necessaria per ottenere la qualifica di comunità intelligente.

7. Il rispetto del protocollo d'intesa, misurato dall'Agenzia, è vincolante per l'accesso a fondi pubblici per la realizzazione di progetti innovativi per le comunità intelligenti.

8. L'agenzia opera in collaborazione con le amministrazioni locali al fine di assicurare la rapida e capillare diffusione sul territorio di modelli e soluzioni ad alta replicabilità, l'integrazione con le caratteristiche tecniche ed amministrative dei sistemi regionali e comunali e l'adattamento ai diversi contesti territoriali.

9. L'Agenzia per l'Italia digitale, con deliberazione da adottare entro 120 giorni (entro gli inizi di marzo 2013) dall'entrata in vigore del presente decreto istituisce, definendone le modalità per la gestione, *la piattaforma nazionale delle comunità intelligenti* e le relative componenti, che includono:

   a. il catalogo del riuso dei sistemi e delle applicazioni;

   b. il catalogo dei dati e dei servizi informativi;

   c. il catalogo dei dati geografici, territoriali ed ambientali;

   d. il sistema di monitoraggio.

10. Ai fini della realizzazione del catalogo del riuso dei sistemi e delle applicazioni l'Agenzia:

    a. promuove indirizzi operativi e strumenti d'incentivazione alla pratica del riuso anche attraverso meccanismi di aggregazione della domanda;

    b. adotta e promuove il recepimento di formati e processi standard per l'indicizzazione e la condivisione delle applicazioni presenti nel catalogo;

    c. definisce standard tecnici aperti e regole di interoperabilità delle soluzioni realizzate, da recepire nei capitolati degli appalti pubblici concernenti beni e servizi innovativi per le comunità intelligenti.

11. Ai fini della realizzazione del catalogo dei dati e dei servizi informativi prodotti dalle comunità intelligenti, l'Agenzia:

    a. cataloga i dati e i servizi informativi con l'obiettivo di costituire una mappa nazionale che migliori l'accesso e faciliti il riutilizzo del patrimonio informativo pubblico;

b. favorisce il processo di metadatazione attraverso l'elaborazione delle ontologie e dei modelli di descrizione dei dati, necessari alla condivisione e al riutilizzo efficace del patrimonio informativo pubblico;

c. definisce standard tecnici per l'esposizione dei dati e dei servizi telematici;

d. promuove, attraverso iniziative specifiche quali concorsi, eventi e attività formative, l'utilizzo innovativo e la realizzazione di servizi e applicazioni basati sui dati delle comunità intelligenti.

12. Ai fini della realizzazione del sistema di monitoraggio, e per valutare l'impatto delle misure indicate nel piano nazionale delle comunità intelligenti, l'Agenzia:

a. definisce un sistema di misurazione basato su indicatori statistici relativi allo stato e all'andamento delle condizioni economiche, sociali, culturali e ambientali delle comunità intelligenti e della qualità di vita dei cittadini;

b. definisce il processo di raccolta, gestione, analisi e indicizzazione dei dati, promuove sistemi e applicazioni di visualizzazione e provvede affinché i dati raccolti all'interno del sistema di monitoraggio delle comunità intelligenti siano accessibili, interrogabili e utilizzabili;

c. inserisce nel rapporto annuale l'analisi delle condizioni economiche, sociali, culturali e ambientali delle comunità intelligenti;

d. individua i meccanismi per l'inclusione progressiva, nel sistema di monitoraggio, anche dei comuni che non abbiano ancora adottato misure rientranti nel piano nazionale delle comunità intelligenti.

13. Le amministrazioni centrali dello Stato inseriscono nei bandi, per progetti di promozione delle comunità intelligenti, clausole limitative dell'accesso ai relativi benefici per le amministrazioni pubbliche che non inseriscono nel catalogo del riuso le specifiche tecniche e le funzionalità delle applicazioni sviluppate;

14. L'Agenzia per l'Italia digitale potrà riutilizzare basi informative e servizi previsti per analoghe finalità.

15. L'Agenzia per l'Italia digitale svolge le attività di cui al presente articolo con le risorse umane, strumentali e finanziarie previste a legislazione vigente.

16. *L'inclusione intelligente consiste nella capacità, nelle forme e nei limiti consentiti*

dalle conoscenze tecnologiche, di offrire informazioni nonché progettare ed erogare servizi fruibili senza discriminazioni dai soggetti appartenenti a categorie deboli o svantaggiate e funzionali alla partecipazione alle attività delle comunità intelligenti.

17. L'accessibilità dei sistemi informatici e l'inclusione intelligente costituiscono principi fondanti del piano nazionale delle comunità intelligenti e dello statuto delle comunità intelligenti nonché delle attività di normazione, di pianificazione e di regolamentazione delle comunità intelligenti.

18. Nelle procedure di appalto per l'acquisto di beni e per la fornitura di servizi informatici il rispetto dei criteri di inclusione intelligente è fatto oggetto di specifica voce di valutazione da parte della stazione appaltante ai fini dell'attribuzione del punteggio dell'offerta tecnica.

19. L'inosservanza delle disposizioni dei commi 16, 17 e 18:

    a. **è rilevante** ai fini della misurazione e della valutazione della performance individuale dei dirigenti responsabili;

    b. **comporta responsabilità** dirigenziale e disciplinare.

4. CONSIDERAZIONI SULLE NORMATIVE NAZIONALI

4.1. Riepilogo riferimenti normativi e raccomandazioni rilevanti

Come visto in precedenza (cfr. cap. 3) le Smart Community/City sono regolate dalle norme dettate dal provvedimento Crescita 2.0[87] che fissa le linee guida dell'Agenda Digitale Italiana (ADI) ed istituisce un gruppo di lavoro denominato *"Smart Communities"* per il coordinamento della Cabina di Regia. Un successivo Decreto Legge[88] stabilisce che l'Agenzia per l'Italia Digitale subentri alla DigitPA[89], attribuendole il compito di realizzare gli obiettivi dell'Agenda Digitale Italiana, in coerenza con gli indirizzi elaborati dalla Cabina di Regia secondo le previsioni dell'Agenda Digitale Europea.

Per aggregare le norme e meglio definire la Strategia Italiana viene emanata la normativa di conversione[90] del provvedimento Crescita 2.0 che, richiamando il documento *Architetture informative per le Comunità Intelligenti*[91], fornito dall'Agenzia per l'Italia Digitale (Gestione ex DigitPA), definisce il contesto di riferimento per la costruzione della Piattaforma nazionale delle Comunità Intelligenti.

Tale documento è un insieme di **Raccomandazioni**, in continuo aggiornamento, per definire l'approccio metodologico e di governance del paradigma delle Smart City. Illustra le tecnologie di base e gli standard del Sistema Pubblico di Connettività (SPC)[92] e analizza la normativa vigente evidenziando eventuali gap da colmare. Fa riferimento

---

[87] *Provvedimento Crescita 2.0 - decreto-legge del 9 febbraio 2012, n. 5 art. 47.*
http://www.lavoro.gov.it/NR/rdonlyres/CA8A6F22-6101-4DB5-B37E-
8EDF2CAB8983/0/20120209_DL_5.pdf, ultima consultazione: 06/05/2013
[88] *DL 22 giugno 2012 n. 83 convertito con modifiche dalla L. 7 agosto 2012 n. 134* - Misure urgenti per la crescita del Paese - Titolo II - Misure Urgenti Per L'agenda Digitale E La Trasparenza Nella Pubblica Amministrazione - Art. 19 Istituzione dell'Agenzia per l'Italia digitale e seguenti.
http://www.lavoro.gov.it/NR/rdonlyres/8542D822-BE88-46F6-9463-
B482742F896C/0/20120807_L_134.pdf, ultima consultazione: 16/04/2013
[89] Sito istituzionale dell'*Agenzia per l'Italia Digitale* - Gestione ex DigitPA - http://www.digitpa.gov.it/,
ultima consultazione: 06/05/2013
[90] Testo aggiornato del *DECRETO-LEGGE 18 ottobre 2012*, n. 179 - Sezione VII Ricerca, Innovazione E Comunita' Intelligenti - Art. 20 - Comunita' intelligenti
http://www.ediltecnico.it/wp-content/uploads/2012/12/conversione-dl-sviluppo-bis.pdf, ultima consultazione: 17/05/2012
[91] *Architetture informative per le Comunità Intelligenti*: visione concettuale e raccomandazioni alla pubblica amministrazione. http://www.digitpa.gov.it/sites/default/files/ArchSC_v2.0.pdf, ultima consultazione: 16/04/2013
[92] Il *Sistema Pubblico di Connettività (SPC)* è un insieme di infrastrutture tecnologiche e di regole tecniche che ha lo scopo di "federare" le infrastrutture ICT delle pubbliche amministrazioni al fine di realizzare servizi integrati mediante regole e servizi condivisi. Tale integrazione permette di risparmiare sui costi e sui tempi, e di realizzare i servizi finali centrati sull'utente, evitando richieste continue di dati da parte delle amministrazioni, oltre che duplicazioni di informazioni e controlli.
http://www.digitpa.gov.it/spc, ultima consultazione: 06/05/2013

alle indicazioni della Commissione Europea che, nel segnalare la scarsa diffusione delle tecnologie digitali in Italia, tanto da risultare al di sotto della media europea, rileva quanto sia necessario ricorrere all'uso massiccio delle tecnologie dell'informazione e della comunicazione. Inoltre, ribadisce che il programma proposto dall'Agenda Digitale si potrà efficacemente *realizzare solo attraverso applicazioni compatibili tra loro*, pertanto si dovrà procedere alla definizione di appropriati *standard* e attuando forme di *cooperazione tra le pubbliche amministrazioni* ed ogni altro attore coinvolto. Dichiara, inoltre, che attraverso lo sviluppo delle relazioni con la comunità di riferimento (sviluppando il concetto di smartness) potrà realizzare una società capace di *offrire servizi tecnologici integrati* avendo come riferimento un modello unico sul quale convergere.

Le iniziative che il documento illustra si riferiscono a possibili soluzioni, a volte anche datate, che risentono di alcune criticità: sebbene tecnologicamente avanzate risulterebbero chiuse, in quanto non riusabili o strettamente correlate ai sistemi di un unico fornitore. Appare esplicito l'invito a perseguire dinamiche che facciano riferimento a *paradigmi più consistenti, basati su modelli di integrazione, offerti da soggetti maggiormente strutturati a livello nazionale*. Non meno forte è il richiamo alla *necessità di governance centralizzata* capace di regolare e dirigere le attività a livello nazionale, ipotizzando la costituzione di una commissione ad hoc.

Non manca di rammentare che le norme principali, a sostegno del pacchetto di provvedimenti, già sono in vigore da tempo e, nel declinarle, definisce necessario indicare i criteri di convergenza per approntare i necessari adattamenti al contesto dei dispositivi smart. Tali norme sono:

- il dettato Costituzionale dell'art. 41 in merito alla potestà esclusiva dello stato sul coordinamento informativo statistico e informatico dei dati dell'amministrazione;
- il Codice dell'Amministrazione Digitale (CAD)[93], recentemente aggiornato per renderlo più facilmente leggibile e conforme al Decreto crescita 2.0;

---

[93] *Codice dell'Amministrazione Digitale* - CAD Decreto Legislativo 7 marzo 2005, n. 82 - Testo vigente dal 19/12/2012 Ultimo aggiornamento: 09/04/2013 - http://www.digitpa.gov.it/amministrazione-digitale/CAD-testo-vigente, ultima consultazione: 06/05/2013

- le norme del Sistema Pubblico di Connettività (SPC) che attiene a tutti i dati prodotti dalle Pubbliche Amministrazioni da trattare funzionalmente secondo criteri che assicurino l'interoperabilità e la cooperazione, in più formati, di cui almeno uno di tipo aperto;

- il Trattamento dei Dati Personali da parte di soggetti pubblici che possono aver luogo esclusivamente per finalità istituzionali e nel rispetto dei limiti e delle condizioni stabiliti dal quadro normativo di riferimento (si ricorda che gli organismi sanitari e medici sono esclusi dall'obbligatorietà del consenso degli interessati);

- la Strategia Smart Community a livello nazionale e la Governance che raccordando le diverse iniziative consentirà eventuali economie di scala ed il riuso e l'integrazione di infrastrutture tecnico/organizzative già presenti sul territorio.

Inoltre, è bene precisare che l'intera materia trova origine alla sezione VII, art. 20 del Decreto crescita 2.0 nel quale, per le Comunità Intelligenti, si prevede di avviare:

- il Piano Nazionale;

- il Rapporto Annuale sull'attuazione del Piano Nazionale;

- le Linee Guida recanti definizione di standard tecnici;

- la Piattaforma Nazionale;

- il Comitato Tecnico;

- lo Statuto;

- le Modalità di Consultazione Pubblica;

- la Piattaforma Nazionale (entro 120 giorni - marzo 2013), riguardante:

  * il catalogo del riuso dei sistemi e delle applicazioni;

  * il catalogo dei dati e dei servizi informativi;

  * il catalogo dei dati geografici, territoriali ed ambientali;

  * il sistema di monitoraggio.

Richiamo, a completamento della normativa di riferimento, il *Piano Nazionale Banda Larga*, avente l'obiettivo di azzerare il digital divide entro il 2013, il cui ultimo aggiornamento risale al 21 marzo 2013 quando è stato pubblicato il V bando di gara e aperta la consultazione pubblica (sino al 21 aprile). Infine, va considerato il *Progetto Strategico Banda Ultralarga* che mira a consentire che tutti i cittadini possano connettersi ad una velocità superiore a 30 Mb/s e che almeno il 50% della popolazione lo possa fare al di sopra dei 100 Mb/s.

4.2. Conformità rispetto alla normativa DAE

L'Agenda Digitale Europea (DAE)[94] si riferisce ai vantaggi socioeconomici sostenibili grazie a un mercato digitale unico basato su internet veloce e superveloce e su applicazioni interoperabili. Invita ad intervenire sulla crisi economica con interventi in tre possibili direzioni: lavorare più duramente, più a lungo o in modo più intelligente, sulla strada di una crescita intelligente, sostenibile e inclusiva. Le disposizioni comunitarie emanate richiedevano che dette norme fossero trasferite nelle realtà nazionali portando alla stesura della piattaforma progettuale dell'Agenda Digitale Italiana (ADI).

A livello europeo si identificano sette ostacoli principali, che dovevano trovare riscontro nella normativa italiana emanata, con interventi che ne consentissero il superamento. Gli ostacoli da superare sono:

a) Frammentazione dei mercati digitali;

b) Mancanza di interoperabilità;

c) Aumento della criminalità informatica e rischio di un calo della fiducia nelle reti;

d) Mancanza di investimenti nelle reti;

e) Impegno insufficiente nella ricerca e nell'innovazione;

f) Mancanza di alfabetizzazione digitale e competenze informatiche;

g) Mancanza di opportunità nella risposta ai problemi della società;

Per affrontare in modo sistematico queste sette aree problematiche le 101 azioni proposte sono state suddivise in sette aree prioritarie che sono state denominate Obiettivi[95].

In questo parte del testo si intende evidenziare quali azioni siano da considerare ricomprese nella normativa emanata in Italia e quali ne siano invece escluse o trattate in

---

[94] *Agenda Digitale Europea* - (Commissione Europea nel maggio 2010 (COMMISSIONE EUROPEA - Bruxelles, 26.8.2010 - COM(2010) 245 definitivo/2 - corregge e rimpiazza COM(2010) 245 finale del 19.5.2010 - Comunicazione Della Commissione Al Parlamento Europeo, Al Consiglio, Al Comitato Economico e Sociale Europeo e al Comitato Delle Regioni - Un'agenda digitale europea - /* COM/2010/0245 f/2 */
http://eur-lex.europa.eu/LexUriServ/LexUriServ.do?uri=CELEX:52010DC0245(01):IT:HTML, ultima consultazione: 06/05/2013
[95] *Commissione europea - Agenda digitale per l'Europa* - http://ec.europa.eu/digital-agenda/en/our-goals/, ultima consultazione: 06/05/2013

modo non conforme, specificando fin d'ora che saranno contrassegnate con il simbolo di spunta (✔) le sole azioni conformi e rinviando eventuali ulteriori considerazioni sulla mancata o carente conformità allo specifico successivo capitolo.

4.2.1. Conformità per obiettivi
> **Obiettivo I: mercato unico digitale**

Troppe sono le barriere che ancora bloccano la libera circolazione dei servizi on-line e d'intrattenimento quando si esce dai confini nazionali. L'agenda digitale vuol aggiornare le norme UE sul mercato unico in ambito digitale. Gli obiettivi sono l'aumento dell'attività di download di musica, la creazione di una realtà omogenea per i pagamenti online, e l'incremento della protezione per i consumatori che operano nel cyberspazio.

    Azione 1: Semplificare rilascio di licenze per le opere in linea

✔   Azione 2: Preservare le opere orfane e le opere esaurite

✔   Azione 3: Open data e riutilizzo dell'informazione nel settore pubblico

    Azione 4: discussione dei soggetti interessati sulle ulteriori misure per stimolare un mercato europeo dei contenuti on-line

    Azione 5: Semplificare la distribuzione di contenuti creativi

    Azione 6: Protezione dei diritti di proprietà intellettuale in linea

✔   Azione 7: Fissare una data per la migrazione a all'Area Unica dei Pagamenti

    Azione 8: Revisione della direttiva sulla firma elettronica

    Azione 9: Aggiornare la direttiva sul commercio elettronico

    Azione 10: Attuare le leggi per sostenere il mercato unico digitale

    Azione 11: Recepire la direttiva IVA per garantire parità di trattamento

    Azione 12: Rivedere le norme sulla protezione dei dati dell'UE

    Azione 13: Completare la direttiva sui diritti dei consumatori

    Azione 14: Esplora le possibilità di risoluzione alternativa delle controversie

    Azione 15: Consultare le parti interessate sui ricorsi collettivi

    Azione 16: Rilasciare il codice dei diritti online nell'UE

    Azione 17: Rilasciare la piattaforma per i marchi di qualità on-line

    Azione 18: Armonizzazione della numerazione telefonica di utilità sociale

    Azione 19: Rilasciare il piano dello spettro delle frequenze radio

    Azione 20: Analizzare il costo del mercato unico delle telecomunicazioni

Azione 101: Cercare soluzioni durature per traffico voce e dati in roaming

➢ Obiettivo II: Interoperabilità e standard

L'Europa deve garantire che i nuovi dispositivi IT, le applicazioni, gli archivi di dati e servizi interagiscono senza soluzione di continuità sempre ed ovunque, così come avviene con Internet. L'agenda digitale ricerca il miglioramento delle norme e delle procedure per una maggiore interoperabilità.

Azione 21: Proporre una normativa sulle ICT interoperabilità

Azione 22: Promuovere norme sui diritti proprietà intellettuale

Azione 23: Fornire indicazioni sulla normalizzazione delle ICT e appalti pubblici

Azione 24: Adottare una strategia europea di interoperabilità

Azione 25: identificare e valutare informazioni di licenza sui prodotti o servizi

Azione 26: Misure per l'attuazione quadro europeo di interoperabilità

Azione 27: Attuare impegni standards di Malmö e dichiarazioni di Granada

➢ Obiettivo III: Fiducia e sicurezza

L'agenda digitale propone una serie di soluzioni pratiche, tra cui una risposta europea coordinata ai cyber-attacchi e le norme rafforzate in materia di protezione dei dati personali. Le minacce derivanti dal software dannoso e le frodi informatiche sconvolgono i consumatori e limitano l'economia on-line.

Azione 28: Rafforzamento della sicurezza della rete dell'informazione

Azione 29: Combattere gli attacchi contro i sistemi di informazione

Azione 30: Istituire una piattaforma europea criminalità informatica

Azione 31: Creare un centro europeo di criminalità informatica

Azione 32: Rafforzare la lotta contro la criminalità informatica e gli attacchi informatici a livello internazionale

Azione 33: Piano per la sicurezza informatica

Azione 34: Disposizioni per notifica dell'eventuale violazione della sicurezza di

✓ Azione 35: Guida alla attuazione della normativa in materia di privacy telecomunicazioni

Azione 36: Segnalare i contenuti illeciti e avviare campagne di sensibilizzazione in materia di sicurezza online per bambini

Azione 37: Regolamentare l'uso dei servizi on-line per i bambini

Azione 38: Istituire Computer Emergency Response Teams paneuropei

Azione 39: Effettuare simulazioni di cyber-attacco

Azione 40: Attuare hotline di segnalazione avviso contenuti nocivi

Azione 41: Istituire piattaforme nazionali di segnalazione per la criminalità

> **Obiettivo IV: accesso a Internet veloce e ultra-veloce**

L'Agenda digitale mira a stimolare investimenti e a proporre un piano di frequenze per i nuovi servizi (come la televisione ad alta definizione e la videoconferenza) che necessitano di un accesso a internet molto più veloce di quanto generalmente disponibile in Europa. Per competere con i maggiori leader mondiali, come la Corea del Sud e il Giappone, l'Europa ha bisogno, entro il 2020, di velocità di download di 30 Mbps e di portare ad almeno il 50% le famiglie europee che aderiscano a connessioni internet con velocità superiori a 100 Mbps.

✓ Azione 42: Adottare una comunicazione a banda larga dell'UE

✓ Azione 43: Finanziamento per l'alta velocità a banda larga

Azione 44: Programma per lo spettro delle frequenze radio - CHIUSA

✓ Azione 45: Promuovere lo sviluppo di reti NGA

✓ Azione 46: Elaborare piani nazionali sulla banda larga

✓ Azione 47: Facilitare investimenti nella banda larga

✓ Azione 48: Utilizzare i fondi strutturali per finanziare reti ad alta velocità

✓ Azione 49: Attuare programma europeo di spettro delle frequenze rete internet

> **Obiettivo V: la ricerca e l'innovazione**

Per attirare in Europa le migliori menti per la ricerca sono fondamentali le infrastrutture di livello mondiale e adeguati finanziamenti. Attualmente, gli investimenti dell'UE nella ricerca sulle ICT è ancora meno della metà dei livelli degli Stati Uniti. L'Agenda Digitale cerca di mantenere il vantaggio competitivo dell'Europa attraverso un maggior coordinamento e l'eliminazione della frammentazione degli sforzi europei.

✓ Azione 50: Incentivare gli investimenti privati per la ricerca e innovazione

✓ Azione 51: Rafforzare il coordinamento e la condivisione delle risorse

✓ Azione 52: Proporre misure per accesso rapido ai fondi di ricerca nel settore ICT

✓ Azione 53: Sostenere finanziariamente infrastrutture di ricerca ICT e poli di innovazione

✓ Azione 54: Sviluppare una nuova generazione di applicazioni web-based e relativi servizi

Azione 55: Raddoppiare la spesa pubblica annuale in materia di ICT di ricerca e sviluppo

✓ Azione 56: Impegnarsi in grandi progetti pilota finanziati dal programma Competitività e innovazione

➤ **Obiettivo VI: Migliorare l'alfabetizzazione digitale, le competenze e l'inclusione**
Oltre il 50% degli europei usa giornalmente internet ma il 30% non l'ha mai usato. Inoltre, le persone con disabilità, incontrano particolari difficoltà nel trarre il massimo profitto dai nuovi contenuti elettronici e dai servizi. Considerato il crescere dell'attività effettuata on-line, viene richiesta una maggiore capacità digitale per partecipare pienamente alla vita sociale e superare il divario digitale.

✓ Azione 57: Proporre l'alfabetizzazione e le competenze digitali per il Fondo sociale europeo

Azione 58: Sviluppare un quadro per il riconoscimento delle competenze ICT

Azione 59: Dare priorità all'alfabetizzazione e alle competenze digitali - partecipazione donne per nuovi posti di lavoro

Azione 60: Aumento della partecipazione delle donne nel mondo del lavoro ICT

Azione 61: Educare i consumatori sul nuovo supporto

Azione 62: Indicatori a livello comunitario di competenze digitali

Azione 63: Legislazione diritti accessibilità

✓ Azione 64: Garantire l'accessibilità dei siti web del settore pubblico

Azione 65: Aiutare le persone disabili di accedere ai contenuti

Azione 66: Attuare politiche di alfabetizzazione digitale

Azione 67: Disposizioni in materia di disabilità per emergenze e servizi radio

Azione 68: Integrare e-learning nelle politiche nazionali

➢ **Obiettivo VII: Attivare i benefici ICT per la società dell'UE**

Le tecnologie digitali hanno un enorme potenziale per favorire la nostra vita quotidiana e affrontare le sfide sociali. L'Agenda Digitale si concentra sulla capacità delle ICT per ridurre il consumo di energia, sostenere la vita dei cittadini anziani, rivoluzionare i servizi sanitari e fornire migliori servizi pubblici. Le ICT possono anche portare avanti la digitalizzazione del patrimonio culturale europeo e fornire l'accesso online a tutti.

✓ Azione 69: Valutare se il settore delle ICT ha rispettato metodologie per il rendimento energetico e per il gas a effetto serra

✓ Azione 70: Sostenere i partenariati tra il settore ICT e principali settori responsabili delle emissioni

✓ Azione 71: Valutare il contributo delle reti intelligenti e definire le funzionalità minime per promuovere l'interoperabilità

✓ Azione 72: Istituire il libro verde sul sull'illuminazione allo stato solido

✓ Azione 73: Concordare comuni funzionalità aggiuntive per i contatori intelligenti

✓ Azione 74: Includere le specifiche per costi totali per l'illuminazione pubblica in materia di appalti pubblici

✓ Azione 75: Offrire ai cittadini europei l'accesso online sicuro ai propri dati sanitari e assicurare la massima diffusione

✓ Azione 76: Proporre una raccomandazione per definire un insieme minimo comune di dati sui pazienti

✓ Azione 77: Interoperabilità dei sistemi di sanità elettronica definendo norme comunitarie

✓ Azione 78: Rafforzare programma comune disabilità per vivere in maniera autosufficiente ed attiva nel contesto sociale

Azione 79: Proporre un modello sostenibile per il finanziamento della biblioteca digitale Europea

Azione 80: Proporre misure volte a sostenere le industrie culturali e creative

Azione 81: Sponsorizzare il passaggio al cinema digitale

Azione 82: Attuare la direttiva sui servizi di media audiovisivi sulla diversità culturale

✓ Azione 83: Proporre il riconoscimento reciproco delle identità elettronica - FUSA CON AZIONE 8

Azione 84: Supporto senza soluzione di continuità i servizi transfrontalieri di eGovernment nel mercato unico

Azione 85: Rivedere l'accesso del pubblico alla direttiva sull'informazione ambientale

Azione 86: Implementazione di servizi transfrontalieri di informazione ambientale eEnvironment

Azione 87: Istituzione libro bianco sulle gare di appalto sulle emissioni eProcurement

Azione 88: Creare piano d'azione 2011-2015 appalti elettronica eCommission

Azione 89: Rendere i servizi di eGovernment pienamente interoperabili

Azione 90: Sportelli unici funzionanti come centri di eGovernment a pieno titolo

Azione 91: Definire un elenco di servizi pubblici fondamentali transfrontalieri

Azione 92: Applicare la direttiva sul sistema di trasporto stradale a standardizzazione rapida

Azione 93: Adottare le soluzioni per la gestione del traffico aereo (SESAR)

Azione 94: proporre una direttiva per la distribuzione di servizi marittimi

Azione 95: proporre una direttiva che stabilisce le specifiche tecniche per le applicazioni dei servizi di trasporto ferroviario passeggeri

Azione 96: Rispetto obblighi derivanti dal sistema di gestione del traffico ferroviario

> **Obiettivo Internazionale**

L'Agenda digitale europea mira a fare dell'Europa una realtà di crescita intelligente, sostenibile e inclusiva a livello globale. I sette Obiettivi dell'agenda digitale hanno tutti dimensioni internazionali.

Azione 97: Promuovere l'internazionalizzazione della gestione di Internet

Azione 98: Sostenere l'Internet Governance Forum

Azione 99: Migliorare le condizioni degli scambi internazionali, tra cui diritti di proprietà intellettuale

Azione 100: Ricerca di mandato per aggiornare gli accordi internazionali.

> **Commento agli Obiettivi**

Delle 21 azioni previste nel *primo obiettivo* inerente il mercato unico digitale si riscontrano decisamente pochi interventi trasferiti nella normativa italiana che sembra non dimostrare alcuna sensibilità verso le problematiche della circolazione dei servizi online d'intrattenimento e della necessità di aumentare la protezione dei consumatori attraverso più serrati controlli sull'uso delle opere dell'ingegno, sulla distribuzione di contenuti creativi, sui marchi di qualità, sulle frequenze radio, sul traffico voce e dati, sulla firma elettronica e sul commercio elettronico.

Lo stesso può dirsi a riguardo del *secondo obiettivo* dell'interoperabilità e standard che consentirebbe di utilizzare dispositivi IT, applicazioni, archivi di dati e servizi nell'intera Europa definendo norme e procedure per una maggiore integrazione e compatibilità.

Anche il *terzo obiettivo* inerente la fiducia e la sicurezza, cioè le soluzioni coordinate per una risposta europea ai cyber-attacchi e per la protezione dei dati personali sembrano non aver attirato l'interesse del legislatore e non trovano rispondenza nell'ADI.

Maggior fortuna sembrano trovare le azioni inserite negli altri obiettivi: *obiettivo quarto* dell'accesso a Internet veloce e ultra-veloce (comunicazione a banda larga, sviluppo di reti NGA), *obiettivo quinto* della ricerca e innovazione (applicazioni e ricerca sui servizi ICT) e *obiettivo settimo* sull'attivazione dei benefici ICT (rendimento energetico, emissioni, contatori intelligenti, illuminazione pubblica, sanità elettronica). Ma anche su quest'ultima sezione la normativa effettua tagli decisi in merito ad una serie di azioni assolutamente ignorate: biblioteca digitale Europea, industrie culturali e creative, cinema digitale e audiovisivi sulla diversità culturale. Stessa sorte per la governance, le gare di appalto, i servizi aerei, marittimi, stradali e ferroviari che sono stati esclusi dimostrando una limitata lungimiranza.

Migliorare l'*obiettivo sesto* relativo all'alfabetizzazione digitale, le competenze e l'inclusione non trova maggior fortuna, neppure in relazione alle persone con disabilità, per le quali non si ritiene di dover dare alcuna indicazione. Anche il superamento del divario digitale non trova sponsor e tantomeno un'adeguata spinta alla valorizzazione delle competenze e della formazione sulle tecnologie e la ricerca.

Mi sento di segnalare come vengano in realtà accantonate troppe azioni tanto che **molti degli ostacoli che la normativa europea intendeva superare permangono**. Così almeno fino al 2020 *non troveranno soluzione le problematiche della frammentazione dei mercati digitali, l'interoperabilità, la criminalità informatica, l'alfabetizzazione digitale e le competenze informatiche*.

Piuttosto che tralasciare di considerare così tante azioni si poteva quantomeno prevedere di rimandarle, fornendo fin da subito le adeguate soluzioni da adottare per ognuna, definendo un piano di realizzazione o applicazione ed indicando tempi di attuazione più dilatati.

Non mancherei comunque di segnalare che la scelta di affrontare *prioritariamente i temi degli investimenti nelle reti e della ricerca e nell'innovazione* potrebbe non essere del tutto censurabile, poiché sarebbe improponibile affrontare ogni altro tema senza prima distribuire omogeneamente sul territorio adeguati ed integrati canali di comunicazione atti a *consentire l'utilizzo di qualsivoglia applicazione in ogni realtà territoriale*.

Infine, si ha l'impressione che siano state considerate "*utili*" tutte quelle azioni che potessero fornire alle imprese una possibilità di *ritorno economico immediato* ed escluse quelle che avrebbero potuto gettare le basi per uno sviluppo futuro, più solido e generalizzato, ma privo di ritorni economici rapidi e quelle per le quali sarebbero state necessario avviare confronti internazionali particolarmente impegnativi.

4.2.2. Mancate conformità

➢ **Non solo Smart Community**

Nell'analizzare globalmente la materia trattata non ci si può esimere dal constatare che, sebbene l'argomento Smart Community trovi un esplicito richiamo nel Decreto Crescita 2.0 (sezione VII - art. 20), non sembra possibile trattarlo in modo isolato ma debba essere inserito nel più generale contesto dell'Agenda Digitale Italiana e, conseguentemente, in quello ancor più ampio dell'Agenda Digitale Europea e dell'Europa 2020.

Gli argomenti sviluppati sono infatti riconducibili al più ampio e complesso contesto Europeo e appaiono così strettamente e reciprocamente correlati da rendere difficoltoso anche solo ricondurre una singola previsione normativa ad una sua corrispondenza, da ricercare univocamente, all'interno della norma europea. Inoltre, la loro aggregazione in ambito europeo non trova corrispondenza nell'aggregazione proposta in ambito italiano, in quanto la necessaria opera di normalizzazione ed integrazione, richiesta dalle disposizioni provenienti dalla Comunità, ha comportato una consistente opera di omogeneizzazione a salvaguardia delle disposizioni emanate in precedenza.

In tale opera di integrazione tra le nuove esigenze espresse e la revisione delle precedenti per valutarne la conformità, si è anche inserita la volontà di ristrutturare gli organismi coinvolti ridistribuendo incarichi, ridefinendo ruoli e riassegnando funzioni che hanno portato ad una nuova realtà non ancora completamente definita e rodata.

Il decreto crescita 2.0, così per come è stato creato, **non solo è incompleto ma anche un po' deviante**, visto che include numerose argomentazioni di stampo diverso senza concentrarsi specificatamente sul digitale e sulla semplificazione. Non aver dato corso ad azioni costruttive a supporto del progetto **impedisce di realizzare effettivi vantaggi per la pubblica amministrazione e i cittadini**.

➢ **Raccomandazioni ignorate**

Il documento predisposto dall'Agenzia per l'Italia Digitale (Gestione ex DigitPA) è stato redatto in epoca antecedente rispetto all'emanazione del Decreto Crescita 2.0. Le *Raccomandazioni* in esso contenute risultano in linea con le best practice riguardanti la gestione dell'ICT ma **non tutte trovano esplicito riferimento nelle norme emanate in materia Smart Community**. Non risulterebbero adeguatamente regolate, sebbene accolte, le raccomandazioni riguardanti i seguenti aspetti:

- Le modalità per assicurare l'interoperabilità e la cooperazione applicativa, la rappresentazione dei dati, i formati dei documenti, le modalità per rendere disponibili dati di tipo aperto e le modalità di gestione delle eccezionali esigenze che non lo consentano.

- Le modalità per l'integrazione dei servizi infrastrutturali di rete, degli applicativi di base e dei dispositivi periferici per consentirne il dialogo ed il riutilizzo per analoghe finalità delle basi informative e dei servizi previsti.

- Come assicurare il rispetto di alcune garanzie sostanziali nell'utilizzo condiviso dei dati che permane legato alla modalità dell'acquisizione e alle caratteristiche del soggetto che li ha raccolti.

- Quali indicatori prestazionali devono essere utilizzati per consentire alla struttura di governance valutazioni della qualità, dell'efficacia e dell'efficienza della gestione dei sistemi. Tali indicatori prestazionali devono essere considerati lo strumento decisionale primario per la scelta delle soluzioni da adottare in ottica Smart City e si riferiscono allo stato e all'andamento delle condizioni, definiscono il processo di raccolta, gestione, analisi e indicizzazione dei dati ed individuano i meccanismi per l'inclusione progressiva dei comuni non rientranti nel piano nazionale.

- Come rendere l'applicazione delle norme adattabili anche ai dispositivi smart, attraverso la produzione di linee guida e la definizione di criteri di convergenza ed interoperabilità.

- La strategia per la realizzazione di Smart Community a livello nazionale deve definire una governance che raccordi le diverse iniziative per uno sviluppo coerente dell'innovazione nelle città.

- Proporre una vetrina che dia sostegno alle tematiche dell'inclusione sociale e della partecipazione con azioni di promozione delle soluzioni e degli interventi di alfabetizzazione ai fini della diminuzione del digital divide.

- Predisporre linee guida per il catalogo del riuso dei sistemi e delle applicazioni, il catalogo dei dati e dei servizi informatici, il catalogo dei dati geografici, territoriali ed ambientali ed il sistema di monitoraggio. Prevedere anche quelle linee guida che sono relative agli indirizzi operativi e agli strumenti d'incentivazione oltre ai formati e ai processi standard per la condivisione e l'interoperabilità delle applicazioni presenti nel catalogo.

> **Norme di attuazione**

Poiché il tempo disponibile per emanare il decreto che recepiva le indicazioni degli organismi decentrati era molto ristretto, il governo Monti ha preferito intervenire, prima dell'ormai imminente scadenza del mandato, pur in carenza dei decreti attuativi, approvandolo sebbene incompleto.

Molte sono quindi le indicazioni e le osservazioni che, pur significative, non trovano definizione appropriata e numerose risultano essere le *attività ancora da completare*, anche se siamo in presenza di scadenze chiaramente indicate.

Gran parte dei decreti attuativi sono ancora in fase di concertazione fra i ministeri coinvolti (per esempio Ministero dei Trasporti e Ministero dello Sviluppo Economico stanno cercando un compromesso sul Regolamento scavi per le infrastrutture a banda larga e ultralarga nell'intero territorio nazionale).

> **Ribadite previsioni disattese in passato**

Le materie trattate riprendono un numero ragguardevole di precedenti previsioni di legge che in molti casi non hanno trovato applicazione per i più svariati motivi. Ciò è dovuto al fatto che a volte sono venute a mancare le norme di attuazione, altre volte sono state rinviate le scadenze indicate, anche per le forti resistenze avanzate da soggetti che si ritenevano di poter essere eccessivamente penalizzati. Pensiamo, ad esempio, al Codice dell'Amministrazione Digitale (CAD) del 2005 o al Sistema Pubblico di Connettività del 2008, che pur ripetutamente modificato, contiene previsioni che in alcuni casi non sono state attuate. Esempio emblematico ne sia la Posta Elettronica Certificata, già allora prevista ma ancora non applicata, che ancora una volta viene definita obbligatoria, questa volta a decorrere dal 2013. Infatti, con decreto ministeriale del 18 marzo 2013 (G.U. n. 83 del 9 aprile 2013) *InfoCamere guiderà la raccolta, l'accesso e l'aggiornamento degli indirizzi PEC*, attraverso il Portale telematico con estrazione, in automatico, accedendo direttamente al Registro delle Imprese e dagli Ordini e Collegi professionali.

> **Stato di Avanzamento dei Lavori** (riferimento 17/5/2013)

L'Agenzia per l'Agenda Digitale fatica ad essere operativa. Sebbene sia stata effettuata la nomina del Direttore Generale (Agostino Ragosa) e varato lo Statuto (non operativo perché non ancora licenziato dalla Corte dei Conti è stato **già ritirato dal Governo** per non rischiare la bocciatura), manca ancora l'indicazione dei componenti del Comitato Tecnico ed i decreti attuativi per consentire a Ragosa di iniziare ad operare.

Da gennaio 2013 sono in vigore il domicilio digitale per i cittadini e le imprese e la cartella clinica digitale. Le PA devono rendere disponibile informazioni in formato aperto e riutilizzabile, siglare i contratti con la firma digitale e dovranno essere inviare telematicamente le certificazioni di malattia e le comunicazioni con e fra i tribunali.

Si sta lavorando sulla riforma dell'acquisto dei biglietti per il trasporto pubblico locale in via elettronica, sulla piattaforma di interfaccia per la gestione dei contratti assicurativi, sulle modalità di realizzazione della carta d'identità elettronica, su come attivare la nuova anagrafe nazionale e il censimento delle abitazioni. È allo studio l'accesso alla banda ultralarga da parte dei televisori domestici e come attuare la gestione informatica dei procedimenti del personale scolastico (dovevano essere tutti pronti per il 17 febbraio).

Entro marzo andavano concretizzate le misure per i micropagamenti oltre a disciplinare il nuovo fascicolo sanitario elettronico, le modalità di pagamento delle Pubbliche Amministrazioni e la ridefinizione del Sistema Statistico Nazionale.

Entro giugno 2013 dovranno essere formalizzate le norme per l'invio telematico dei certificati di malattia per il congedo parentale mentre tra dicembre 2013 e gennaio 2014 andranno messe in pratica le novità sui contratti assicurativi della Responsabilità Civile Auto, gli incentivi alle startup e le prescrizioni telematiche sul piano sanitario.

Dalla stessa data di giugno 2013 la Pubblica Amministrazione e i gestori di servizi pubblici dovranno accettare obbligatoriamente pagamenti elettronici (non ancora indicato il limite di importo di partenza) e dovranno permette di pagare tasse e multe con un bonifico o mediante carta di credito via Internet.

Da gennaio 2014 arriveranno su tutto il territorio le prescrizioni farmaceutiche elettroniche mentre le scuole materne, medie e superiori (anno scolastico 2014-2015) dovranno adottare libri in forma digitale o mista.

Il *Piano Nazionale era previsto per fine aprile*, il MISE ed il MEF stanno discutendo del Fondo Centrale di Garanzia a sostegno delle startup, una delle novità più attese dal settore startup, assieme al regolamento ufficiale Consob sul *crowdfunding*[96], ancora in bozza, in attesa della consultazione pubblica che scadeva il 30 aprile.

---

[96] Il *crowdfunding* (dall'inglese *crowd*, folla e *funding*, finanziamento) è un processo collaborativo di di finanziamento dal basso attraverso il quale un gruppo di persone investe denaro per sostenere gli sforzi di persone ed organizzazioni. Deriva dal crowdsourcing, processo di sviluppo collettivo di un prodotto.

Gli istituti di credito, attraverso l'ABI, hanno da tempo fornito indicazioni, inserite poi nell'Agenda Digitale del _settore bancario_, che pare incontrino diversi ostacoli ed anche le norme concernenti la _Privacy_ non hanno vita facile. Il segretario generale di ABI Lab[97] ha di recente sostenuto che "_Ci sono troppe norme e molte ostacolano l'innovazione poiché vincolanti al punto da rendere quasi impossibile l'attuazione della digitalizzazione_". L'obiettivo della creazione di un sistema di collegamento che favorisca i rapporti tra pubblico e privato non sembra perseguibile: "_La diffusione dei pagamenti elettronici e della fatturazione elettronica è troppo bassa; si è detto, promosso e normato ma non si è ancora passati all'azione_".

Nel frattempo anche l'ANCI avanza, attraverso il suo presidente Graziano Del Rio, la richiesta di _coinvolgere i Comuni nel percorso verso l'agenda digitale_ in quanto molti interventi impattano con le sfere delle competenze comunali.
Anche i decreti ristagnano: sulle startup e sulla semplificazione e digitalizzazione della scuola, ebook compresi, sui pagamenti elettronici, sui documenti digitali sono ancora fermi e per taluni mancano addirittura di linee guida specifiche. A titolo di esempio il MISE e MIT stanno ancor oggi concertando una soluzione di compromesso tra operatori e gestori delle strade per le infrastrutture a banda larga e ultralarga.

> ➤ **Governance**

L'innovazione digitale, considerata un moltiplicatore di crescita a livello europeo, ha trovato in Italia un _rallentamento_ dopo l'adozione del corposo pacchetto del Decreto Sviluppo bis. La trentina di provvedimenti emanati _non prevede la possibilità di avere un soggetto politico unico_ (_Mister Agenda digitale_) e rimane ostaggio dei veti incrociati dei vari ministeri. Solo con un provvedimento immediato la governance, come previsto dal Decreto Sviluppo, potrebbe essere ricondotta direttamente alla Presidenza del Consiglio[98]. Il direttore della stessa Agenzia per l'Italia Digitale

---

[97] _ABI Lab_ è il Centro di Ricerca e Innovazione per la Banca promosso dall'Associazione Bancaria Italiana in un'ottica di cooperazione tra banche e intermediari finanziari, partner tecnologici e Istituzioni. Il Consorzio si propone come strumento operativo di supporto all'interpretazione dei vantaggi derivanti dall'uso delle tecnologie.
[98] _Flavio Zanonato_ rispondendo ad un'interrogazione Parlamentare: "Agenda digitale, importante una governance unica" - 15 Maggio 2013 -
http://www.corrierecomunicazioni.it/pa-digitale/21298_zanonato-agenda-digitale-importante-una-

Agostino Ragosa, ha dichiarato che "*va individuato un meccanismo di semplificazione*" ed ha definito la governance del sistema digitale italiano "*un capolavoro di bizantinismo*". Si è fatto ordine accorpando DigitPA, Agenzia per l'innovazione, il Dipartimento per la Digitalizzazione della Presidenza del Consiglio ma, nel contempo, si è affidata la vigilanza e la governance a **quattro ministeri** (Sviluppo Economico, Università e Ricerca, Pubblica Amministrazione ed Economia), alla Presidenza del Consiglio e a due rappresentanti della Conferenza Unificata delle regioni. Inoltre, poiché questi ultimi non erano ancora stati nominati, questo organismo non si è **mai insediato**, con i risultati che tutti possiamo immaginare. Solo il 17/5/2013 la Conferenza Unificata ha finalmente indicato i propri rappresentanti al comitato d'indirizzo dell'Agenzia (sono della Regione Piemonte e del Comune di Bologna).

➢ **Blocco Statuto e Corte dei Conti**

In un recentissimo intervento il Ministro per lo Sviluppo Economico, nel rispondere ad una interrogazione parlamentare del PDL sullo Statuto dell'Agenzia per l'Italia Digitale, ha chiarito che è stato *depositato alla Corte dei Conti "per errore"* (un vizio formale secondo Ragosa: doveva essere la Presidenza a presentare lo Statuto alla Corte dei Conti e invece era stato il Ministero dello Sviluppo Economico) ed è **già stato ritirato**[99]. In tale circostanza l'attuale ministro si schierava *a favore di un accentramento della governance*, sotto l'unica responsabilità del premier Enrico Letta che potrebbe poi delegare un sottosegretario alla Presidenza del Consiglio preposto alla digitalizzazione.

Lo stesso ministro riferiva che Agostino Ragosa è stato scelto da Mario Monti tra 239 candidati in considerazione della "conoscenza del settore e competenza". Ha proseguito illustrando i tre modelli possibili di governance: quello Brunetta che avevano portato la digitalizzazione interamente sotto la responsabilità del ministero della PA e Innovazione; quello dell'ultimo governo Prodi che aveva nominato un sottosegretario all'Innovazione alle dipendenze dell'allora ministro della PA che

---

governance-unica.htm, ultima consultazione: 06/05/2013
[99] *Corriere della Sera* - 13/5/2013 -
http://www.giustizia-amministrativa.it/rassegna_web/130509/1xa9ny.pdf,   ultima   consultazione:
06/05/2013

collaborava strettamente con il ministro degli Affari regionali e quella intrapresa dal governo Monti, che ha distribuito le competenze tra MISE (banda larga e digital divide), MIUR (smart city e Horizon 2020) e all'Istruzione e Funzione Pubblica (digitalizzazione della PA).

Se aggiungiamo che il *ministero delle Infrastrutture ha bloccato il decreto attuativo sulla posa delle fibre ottiche* e che sembra *scomparso nei meandri normativi il previsto finanziamento per i data center*, non ci si può stupire se anche l'Europa sembra mostrare perplessità.

In merito all'errore sulla presentazione dello Statuto va registrato che indiscrezioni provenienti da altre fonti sostengono che è stato *ritirato per evitarne la bocciatura per ragioni più di sostanza*. I rilievi della Corte dei Conti[100] facevano infatti riferimento alla perplessità sorta in merito ai *costi dell'ente*, considerati eccessivi in tempi di spending review, alla *struttura organizzativa* considerata troppo verticistica e alla figura di Ragosa, che rivestiva il *doppio ruolo di presidente e di direttore* dell'ente.

Su tale argomento si erano espresse anche le sigle sindacali che avevano segnalato le eccessive chiamate rivolte a personale esterno "*senza nessuna trasparenza e con un carico di spesa di qualche milione di euro*", per le nomine di un direttore vicario e di quattro direttori generali per la governance e di 12 direttori di secondo livello su un totale complessivo di 150 unità. E pensare che il Direttore Generale Ragosa aveva perseguito l'intento di ottenere ampi risparmi dagli accorpamenti degli enti, con conseguenti tagli di poltrone, unificazione delle funzioni e taglio di fondi.

Il ritiro dello statuto da parte del Governo rischia ora di creare non poche conseguenze visto che senza statuto l'*Agenzia dell'Agenda Digitale non potrà essere operativa*. Si tratta di motivazioni concrete e sicuramente valide ma, riconoscendo alla tecnologia un ruolo di importanza fondamentale, l'Agenda Digitale è

---

[100] *Corriere delle Comunicazioni* - venerdì 17 maggio 2013
http://www.corrierecomunicazioni.it/pa-digitale/21163_l-agenzia-digitale-torna-in-alto-mare.htm, ultima consultazione: 06/05/2013
http://www.corrierecomunicazioni.it/tlc/21376_agenzia-pronto-il-comitato-d-indirizzo-statuto-a-una-svolta.htm, ultima consultazione: 06/05/2013

irrinunciabile per la semplificazione, la diffusione, la condivisione e l'efficienza dell'intero sistema.

➤ La posizione del Governo

Nelle prossime settimane i ministeri competenti dell'esecutivo Letta passeranno al vaglio lo statuto ritirato dalla Corte dei Conti e riconsidereranno quanto ha lasciato in eredità l'esecutivo Monti.

Nel discorso di insediamento[101] Letta *non sembra considerare il digitale come una priorità* e lo cita solo marginalmente nel suo discorso di insediamento: "*l'agenda digitale, l'alta tecnologia e l'energia e l'ambiente*" rilevando che per rilanciare il paese "*bisogna scommettere sullo spirito imprenditoriale e innovare e investire in ricerca e sviluppo*". Nessun accenno neppure in merito alla crescita lavorativa connessa all'innovazione tecnologica ed all'introduzione della banda larga mentre, riferendosi alla politica, cita solo la necessità di discernere "*il vero dal falso nel flusso enorme di informazioni presenti in Rete*".

Neppure le startup sembrano una priorità per il Governo Letta nonostante le imprese in fase embrionale costituiscano un asset competitivo. Le agevolazioni fiscali (detrazioni IRPEF del 19% per tre anni) sulla somma investita in startup innovative per i privati e le deduzioni del 20% dal reddito imponibile per le società *stanno subendo ritardi* in attesa di ottenere il via libera sui regolamenti dalla Commissione Europea, che deve *stabilire che non si tratti di aiuti di Stato*.

Infine da più parti ci si chiede cosa aspettarsi sul versante internet e nuove tecnologie se si considera che l'attuale ministro della Pubblica Amministrazione è Giampiero D'Alia che è stato l'autore dell'emendamento "*Repressione di Attività di apologia o incitamento di Associazioni criminose o di Attività illecite compiuta a mezzo internet*"[102] considerato dagli ambienti più prossimi al web ammazzablog e per fortuna abrogato nel 2009.

---

[101] *Camera dei Deputati: testo del discorso del Presidente del Consiglio dei Ministri* - 29 Aprile 2013 - Enrico Letta - http://www.governo.it/Presidente/Interventi/dettaglio.asp?d=70916, ultima consultazione: 06/05/2013

[102] *Repressione di Attività di apologia o incitamento di Associazioni criminose o di Attività illecite compiuta a mezzo internet*
http://www.senato.it/japp/bgt/showdoc/frame.jsp?tipodoc=Emend&leg=16&id=392701&idoggetto=4138 75, ultima consultazione: 06/05/2013

➢ **Una strategia da rivedere**

Il concetto di Smart City e Smart Community è strategico in quanto è uno dei principali asset per lo sviluppo delle città, dei territori, dei diritti di cittadinanza, ma *non appare compreso pienamente*. Sembra che tale concetto risulti riempito di contenuti che non gli appartengono e che ne enfatizzano l'aspetto tecnologico tanto da **confondere il mezzo** (*tecnologie ICT*) **con il fine** (*creazione di un ecosistema capace di utilizzare al meglio le risorse e di fornire servizi integrati per migliorare la qualità della vita dei cittadini*).

Chi opera sul mercato ha individuato in questo canale una **nuova possibilità di business** ed in alcuni casi punta sulla sola digitalizzazione dell'esistente svolgendo un'operazione in buona parte inutile. *Occorre piuttosto ripensare e riprogettare, proponendo soluzioni che vadano a vantaggio dell'intera società.*

In questa fase di ripensamento sullo Statuto ritirato si potrebbe meglio definire attraverso quali azioni e con quali modalità si realizzano le comunità intelligenti e forse si riuscirebbe a produrre una maggior chiarezza.

➢ **La diffusione della banda larga**

Il Ministero dello Sviluppo Economico ha indicato il direttore generale Ragosa quale nuovo membro italiano nel *Digital Champions*[103] della Ue. Avviando la propria attività ha ricordato che il punto focale dell'agenda dei lavori è il bando di gara per la diffusione della banda ultralarga nelle regioni del sud del paese: 500 milioni del Piano di azione Coesione oltre ai fondi per la riduzione del digital divide di base, pari a 310 milioni per il Centro Nord e 120 milioni per il Sud.

La mancanza di copertura a banda larga è un problema che affligge l'Italia, in particolare del Mezzogiorno: l'obiettivo del primo bando è di portare Internet ultra-veloce almeno al 40% dei cittadini di Basilicata, Calabria, Campania, Molise e Sicilia. Si tratta di oltre 7 milioni di persone: banda larga per 2,8 milioni residenti in 3.600 località italiane e banda ultralarga a 4 milioni di cittadini residenti in 180 Comuni del Meridione.

---

[103] *Digital Champions* - il rappresentante nominato da ciascuno Stato membro per promuovere i vantaggi di una società digitale inclusiva. Lavorano con i cittadini, le comunità e le imprese per sfruttare il potenziale di crescita dell'economia digitale.
http://ec.europa.eu/digital-agenda/en/digital-champions, ultima consultazione: 06/05/2013

Fino a maggio 2013 l'unico progetto presentato e con qualche possibilità di essere realizzato è quello di Telecom Italia, che mira a coprire 100 città entro il 2014, cioè il 25% della popolazione, per salire a 125 città entro il 2015, pari al 35% della popolazione, per completarsi col 50% entro il 2018[104]. Il progetto punta su *Vdsl2, la tecnologia più economica per fare la banda larghissima*. È asimmetrica, come l'Adsl, con un upload limitato e caratteristiche piuttosto lontane dagli obiettivi europei 2020. Telecom sta intanto utilizzando la Gpon-fibra ottica[105] a Milano (100 Megabit), ma ancora non è neppure uscita dalla fase di sperimentazione.

Gli esperti sperano in uno *scorporo della rete*, che anche Telecom sta studiando, spingendo H3G ad entrare in TELCO e l'operatore mobile 3 ITALIA a fondersi con Telecom così avrebbe la forza di dare all'Italia una rete di nuova generazione.

L'Italia è posizionata al 50esimo posto su 144 paesi coinvolti nella classifica[106] stilata dal World Economic Forum (WEF), dietro a paesi come Barbados, Giordania e Panama. Siamo primi invece nel Mobile, mentre *siamo fanalino di coda per la diffusione di PC e banda larga*.

Nel 2012 il tasso di penetrazione della banda larga fissa è al 22,2% della popolazione, in leggera crescita ma al di sotto della media UE del 27,7%. Disponiamo di linee fisse per l'8,2% con velocità di 10 Mbps, non ci sono abbonamenti con velocità superiori a 30Mbps e circa il *90% delle linee a banda larga in Italia sono nel range tra i 2 ed i 10 Mbps*.

La rete in rame rimane ancora predominante con ADSL al 98% mentre la rete vocale mobile tende ad aumentare nonostante la già elevata penetrazione ed il traffico voce fisso diminuisce a favore della telefonia mobile. Tuttavia il divario digitale colpisce ancora il 5% della popolazione con poco incoraggianti sviluppi dell'alta velocità (30 Mbps) e della banda larga ad altissima velocità (100 Mbps).

---

[104] *Banda larghissima in Italia? Nelle mani di Telecom Italia* - Alessandro Longo-http://www.pmi.it/tecnologia/infrastrutture-it/, ultima consultazione: 06/05/2013
[105] *Gpon-fibra ottica* - La tecnologia GPON, indicata come la rete del futuro, è una rete di nuova concezione su fibra ottica che porta ulteriori vantaggi in termini di servizi e di sicurezza. Con l'eliminazione degli apparati, non necessita di energia elettrica rimuovendo i guasti legati all'alimentazione elettrica degli apparati. Le prestazioni e l'ampiezza di banda offerta, sia in uplink che in downlink, attestano la tecnologia GPON su livelli estremamente elevati: le normali condizioni di funzionamento prevedono infatti una velocità di 2,5 Gb/s in downlink e di 1,5 Gb/s in uplink.
[106] *Ricerca Global Information Technology Report* - Italia bocciata in ICT - Noemi Ricci - 15 aprile 2013 - http://www.pmi.it/tecnologia/infrastrutture-it/news/64321/italia-bocciata-in-ict.html, ultima consultazione: 06/05/2013

> ## Note dal Tabellone segnapunti[107]

Il Registro di sistema di opt-out[108] (option-out) per le comunicazioni commerciali indesiderate è stato avviato, ma *la possibilità di opporsi non sembra funzionare conformemente alle previsioni europee*. Il Garante della Privacy è frequentemente chiamato ad intervenire nei confronti degli operatori.

L'utilizzo regolare (una volta alla settimana) di internet riguarda il 51% della popolazione contro una media europea del 68%. Chi vi accede frequentemente (almeno una volta al giorno) costituisce il 49% rispetto al 56% dell'Europa. Chi non usa mai internet rappresenta il 39% contro la media UE del 24%. Le persone svantaggiate in internet sono il 36% rispetto al 51% UE.

L'attività internet più diffusa è la ricerca di informazioni su beni e servizi (41% su 56% UE), leggere e scaricare giornali online (30%), per viaggi e alloggio (30%), consultare wiki (30%), tutte al di sotto della media UE che si attesta al 39%. Scarsamente utilizzati i servizi di news (4%), corsi online (4%) e reti professionali (5%).

Le statistiche indicano una quota del 56% dei cittadini con un certo livello di competenze informatiche, 58% hanno competenze di internet contro una media UE rispettivamente del 67% e 73%. Le competenze informatiche elevate riguardano il 25%, sempre sotto la media e nettamente distanti dal 40% dei paesi nordici. I dati sugli atteggiamenti personali verso le ICT offrono l'immagine della composizione degli utenti competenti: solo il 29% degli italiani valuta le proprie competenze informatiche o Internet adeguate quando cercano o cambiano lavoro restando così al di sotto rispetto alla media europea del 43%.

Solo il 15% degli italiani ha acquistato un bene o un servizio on-line negli ultimi 12 mesi, ben al di sotto della media UE del 43% e solo per il 5% oltre frontiera.

Le imprese impegnate in e-Commerce sono il 4% rispetto ad una media UE del 13%.

---

[107] *Agenda Digitale Europea - Progressi per Paese* - estrazione del 8/5/13 - https://ec.europa.eu/digital-agenda/node/640, ultima consultazione: 16/04/2013

[108] *opt-out (option-out)* - Con il termine inglese **opt-out** (in cui *opt* è l'abbreviazione di *option*, opzione) ci si riferisce ad un concetto della comunicazione commerciale diretta (direct marketing), secondo cui il destinatario della comunicazione commerciale non desiderata ha la possibilità di opporsi ad ulteriori invii per il futuro.

> **Competitività e occupazione**

Secondo l'Osservatorio Agenda Digitale[109] del Politecnico di Milano l'Agenda Digitale rappresentata un'occasione per rilanciare la competitività e l'occupazione dell'Italia utilizzando le nuove tecnologie digitali. I risultati indicano che saranno liberate risorse per oltre 70 miliardi di euro mentre dal contrasto all'evasione fiscale e dal miglioramento dell'efficienza della PA arriverebbero 35 miliardi di euro. Anche il contrasto al Digital Divide, diffondendo la banda ultra-larga da 30 mbps a 100 mbps, potrà creare 5.000 nuovi posti di lavoro. Non approfittare di tali opzioni rimandando o non gestendo adeguatamente l'intero processo comporta un rischio inaccettabile.

> **Innovazione - Innovation Scoreboard**

La UE ha pubblicato la classifica dei Paesi più innovativi[110] per indice di innovazione, numero di brevetti e attività di ricerca e l'Italia ottiene un *punteggio sotto la media* degli altri Stati Membri.

Il nord si pone alla testa della classifica (Svezia, Germania, Danimarca e Finlandia) con elevata capacità a livello di impresa e di istruzione superiore. Ci sono poi i Paesi che tengono il passo con i tempi (Paesi Bassi, Lussemburgo, Belgio, Regno Unito, Austria, Irlanda, Francia, Slovenia, Cipro ed Estonia) ed il sedicesimo posto dell'Italia (prossima a Spagna, Portogallo, Repubblica ceca, Grecia, Slovacchia, Ungheria, Malta e Lituania).

Anche il Commissario Ue per l'Industria, Antonio Tajani, osserva il calo degli investimenti nell'innovazione in Italia e non manca di ricordare quanto siano essenziali per mantenere la nostra competitività globale.

> **Bandi e applicazioni[111]**

Man mano che le nostre città si trasformano in Smart City, si concretizzeranno inedite opportunità per le aziende italiane che vedono emergere opportunità di

---

[109] Convegno *"Qual è la vera Agenda Digitale di partiti e coalizioni?"* l'attuazione di un'Agenda Digitale per il Paese.
[110] *Innovazione, Italia sotto la media UE* - Francesca Vinciarelli - 27 marzo 2013-
http://www.pmi.it/economia/mercati/news/63741/innovazione-italia-sotto-la-media-ue.html, ultima consultazione: 16/04/2013
[111] *Bandi e applicazioni* - http://www.pmi.it/economia/, ultima consultazione: 16/04/2013

business incentivate dall'Europa e dal Governo per le aziende più innovative. Nel 2012 è arrivato il primo Bando Nazionale dedicato alle Smart City da 665 milioni di euro e si è concluso quello per Smart Cities & Communities rivolto alle sole regioni meridionali (200 milioni di euro). Si tratta di risorse comunitarie sotto la responsabilità del MIUR che provvederà a raccogliere, e successivamente approvare le proposte, riferite alla Pubblica Amministrazione e basate su tecnologia specifica, che rispondano ad una concreta esigenza dei cittadini. Il MIUR le aggrega e le ripropone come progetti sperimentali da realizzare e riusare presso qualsiasi PA nazionale. L'utilizzo delle tecnologie per migliorare la vita dei cittadini sinora avanzate sembrano privilegiare l'energia, l'infomobilità, l'egovernment, la tele-assistenza e la telemedicina.

Altri bandi hanno riguardato i 9 miliardi di euro a livello europeo messi a disposizione dal *Settimo Programma Quadro 2007-2013* e gli 80 miliardi di euro del nuovo programma comunitario *Horizon 2020*.

Mario Calderini, responsabile della divisione *Smart Cities & Communities* del MIUR all'interno della Cabina di Regia, noto esperto di questo tema e docente presso il Politecnico di Torino, ritiene che il progetto Smart Community "*porterà ricavi alle aziende innovative costringendo le imprese, a loro volta, a potenziare le proprie capacità di fare innovazione*". A suo avviso i vantaggi maggiori si concentreranno sulle aziende dei settori biomedicale (tecnologie per il controllo a distanza di pazienti e anziani), energie rinnovabili, produzione di software di gestione, sensoristica per il machine to machine[112], le smart grid[113], la domotica (automazione delle funzioni e utilizzo dei dispositivi nelle abitazioni), l'open data con accesso online ai dati delle PA, servizi innovativi di infomobilità e l'e-commerce.

Calderini ritiene che "*i servizi delle smart city saranno sviluppati come una piattaforma realizzata dalla PA ma inventati e gestiti dai privati. Un cambiamento copernicano per la PA: da gestore a playmaker, da erogatore di servizi ad abilitatore*".

Il Ministero dell'Istruzione, dell'Università e della Ricerca, ha pubblicato l'elenco dei progetti finanziati per la trasformazione della città in Smart City in riferimento al

---

[112] M2M - machine to machine - tecnologie ed applicazioni di telemetria e telematica che utilizzano le reti wireless ed applicazioni che migliorano l'efficienza e la qualità dei processi.
[113] smart grid - reti intelligenti per produzione e distribuzione di energia tramite fonti distribuite.

bando rivolto a Campania, Puglia, Calabria e Sicilia. 18 le iniziative premiate, in 9 categorie differenti. La graduatoria include progetti riconducibili a diversi ambiti, dall'energia alla mobilità sostenibile, dalle nuove tecnologie alle smart grid, dall'educazione al turismo sostenibile. I fondi a disposizione ammontavano a circa 200.000 euro e i finanziamenti assegnati vanno dai 7.000 ai 29.500 euro.

> **Applicazioni specifiche[114]**

Numerose sono le proposte avanzate dal mercato che puntano sulle nuove tecnologie per affrontare e superare la crisi, accogliendo le proposte provenienti dalla Comunità Europea e dal Governo. Alcuni settori, più di altri, si stanno muovendo nella giusta direzione: vediamo quali di questi sembrano emergere nonostante le difficoltà già segnalate.

Secondo la ricerca condotta ad inizio 2013 dall'Associazione Italiana Marketing (AISM) il futuro del Marketing B2B[115], che riguarda *investimenti in convegni e workshop* (39%), *email marketing* (34%) e *fiere* (33%) appare relativamente ottimistico per l'immediato futuro con un'attesa di un budget in aumento per i prossimi 12 mesi ed una grande attenzione al Marketing Relazionale, ai social media ed al Mobile. La ricerca effettuata rileva anche che l'ottimizzare il proprio sito web per la navigazione da Mobile non sembra essere più sufficiente: secondo la rivista specializzata Compuware ben l'85% dei consumatori, preferiscono abbandonare i siti per utilizzare le più pratiche applications per effettuare acquisti, pagamenti o prenotare servizi.

Anche IBM si è lanciata, a fine aprile scorso, nel mercato Smart City con un prototipo per le attività di *assistenza da remoto in modalità mobile* per la manutenzione, riparazione e revisione, mettendo insieme due tecnologie proprietarie, realtà aumentata e robotica. Si tratta di una soluzione smart mobility che permette di abbassare i costi e aumentare la sicurezza in ambienti di lavoro difficili e pericolosi.

---

[114] *Le sfide del Marketing B2B* per il 2013 - Tullio Matteo Fanti - 3/5/2013 - http://blog.pmi.it/03/05/2013/, ultima consultazione: 06/05/2013

[115] *Business-to-business* - B2B o commercio interaziendale, è una locuzione utilizzata per descrivere le transazioni commerciali elettroniche tra imprese, in opposizione a quelle che intercorrono tra le imprese ed altri gruppi.

Anche la mobilità dei tecnici in intervento è monitorata tramite localizzazione GPS, smartphone e codici QR.

IBM propone altresì la tecnologia PureSystems per un *approccio olistico e integrato al computing*, avviato in 200 azienda ormai da un anno: PureSystems consente di dimezzare le complessità, ridurre del 30% i costi dei data center e del 20% il tempo di rilascio dei sistemi.

Molto interesse gravita, inoltre, attorno al *Cognitive Computing* sempre di IBM, un'architettura del tutto differente rispetto a quelle attuali, tutte basate su programmi di elaborazione e supporti per la memoria. Ora si copia l'architettura del nostro cervello ed i dati sono memorizzati in modo distribuito, vicino alle unità di calcolo, in grado di lavorare in parallelo: l'elaborazione è ora guidata dai dati non dai programmi. Si stanno simulando parti del cervello di topi e scimmie cercando di realizzare sistemi in grado di sentire, vedere, annusare, per recepire stimoli esterni.

> ➤ **Dispositivi mobili - un approccio aziendale**

In ambito aziendale per i professionisti IT si è assistito ad un cambiamento drastico a seguito del proliferare dei dispositivi mobili e degli strumenti di connessione remota inseriti in piattaforme di elaborazione sempre più aperte. Secondo una recente ricerca[116] emerge che il 44% dei dipendenti lavora in remoto ed il 77 % *utilizza sul lavoro smartphone e tablet personali*. Una diffusione che appare più rapida di quanto non lo siano i cambiamenti gestionali per una corretta integrazione. In particolare il 54% delle aziende non ha *sviluppato idonee strategie di sicurezza che riguardino i dispositivi mobili* e il 37% lamenta più di 10 incidenti mensili causati da malware.

Le Autorità europee per la protezione dei dati, riunite nel "Gruppo Articolo 29", hanno *previsto obblighi* che distributori e produttori di sistemi operativi e apparecchi di telefonia mobile dovranno rispettare per garantire la Privacy dell'utente che adotta Mobile App che potenzialmente accedono ad una enorme quantità di dati sensibili e informazioni personali. *"Spesso tutto ciò avviene senza che l'utente dia un consenso libero ed informato, quindi in violazione della legislazione europea sulla protezione dei dati»*, ha spiegato Antonello Soro, Presidente dell'Autorità italiana per la privacy.

---

[116] *"The new mobile workforce: is it keeping up?"* - realizzata da LANDesk Software.

Cisco IBSG Horizons analizza la tendenza a portare sul posto di lavoro i propri dispositivi personali (BYOD: **Bring** *Your Own Device*) ed evidenzia aspetti positivi legati a tale pratica pur non dimenticandone i rischi per la sicurezza aziendale. Per contenere i rischi, secondo gli esperti di ESET NOD32 – produttore mondiale di software antivirus – il fenomeno BYOD dovrebbe essere orientato verso un più sicuro modello CYOD (*"**Chose** Your Own Device"*) che comporta una scelta più consapevole dei device da far utilizzare ai propri dipendenti. In sostanza si dovranno utilizzare i dispositivi scelti in una lista contenente quelli classificati come più sicuri.

➢ **Resistenze del mercato**

Non vi è innovazione che non sia accompagnata da resistenze più o meno marcate e quindi non poteva mancare una dura presa di posizione da parte di chi si sente danneggiato. All'inizio di aprile 2013 l'Associazione italiana editori (AIE), la Federazione della Filiera della Carta e della Grafica, l'Associazione librai italiani (ALI), l'Associazione nazionale agenti rappresentanti e promotori editoriali (ANARPE) esprimono totale contrarietà al decreto ministeriale che prevede l'adozione di libri nella versione digitale o mista dall'anno scolastico 2014/2015.

In particolare sostengono che "*il decreto oltre a non tenere conto delle indicazioni del Parlamento, volte ad assicurare equilibrio, misura e gradualità, e a non limitare l'autonomia delle scuole e il principio costituzionale della libertà di insegnamento, non considera in alcun modo l'insufficienza infrastrutturale delle scuole (banda larga, Wi-Fi, dotazioni tecnologiche, ...). Riversano sulle imprese e sulle famiglie l'onere per l'innovazione scolastica ed infine, sollecitando genitori e alunni ad acquistare prodotti di aziende straniere, il decreto rischia di mettere ulteriormente in difficoltà le aziende e gli occupati dell'intera filiera del libro e della carta*".

5. CONCLUSIONI

Non tutti conoscono il termine e-topia[117] che è stato coniato nel 1999 da William John Mitchell[118] per indicare un nuovo modello di *"riformulazione della città e dell'urbanistica creando ambienti virtuali interattivi e connessioni elettroniche tra edifici e spazi urbani che tenessero conto non solo della sostenibilità ma anche dei potenziali vantaggi economici, sociali e culturali che se ne potevano trarre"*. Si tratta di una prima proposizione dei concetti di base che ancora oggi possiamo utilizzare per definire le Smart Community.

Il modello proposto dalla Comunità Europea trova la sua derivazione nella formulazione avanzata da Mitchell, ma si richiama principalmente alle proposte dell'European Smart Cities, realizzato dall'Università di Vienna, in collaborazione con quelle di Lubiana e Delft[119], che propone una Smart City come una città declinata sulla combinazione di sei componenti intelligenti: **economia, governo e partecipazione, welfare, energia, ambiente, mobilità**.

La Città Intelligente si configura così come strumento strategico per introdurre innovazione, adottando le Tecnologie dell'Informazione e della Comunicazione, facendo ricorso al capitale umano ed alla relazione sociale, ponendo attenzione alla qualità della vita, alle risorse naturali ed ambientali in queste diverse aree di interesse. Aree che a loro volta includono lo sviluppo dei servizi urbani, l'integrazione sociale, la cultura e l'istruzione, il tessuto economico e le nuove imprese, l'offerta culturale, le Università e la ricerca, la visione strategica condivisa, le condizioni di salute e sicurezza, la coesione sociale, l'energia e l'ambiente, il turismo, la facilità di accesso e di spostamento. Si tratta di coniugare tutte queste componenti attraverso un approccio olistico che possa offrire una visione d'insieme, ricordando che l'invecchiamento della popolazione e la concorrenza mondiale, come affermato dalla Commissione Europea nella presentazione del progetto, richiede di *"lavorare più duramente, più a lungo o in*

---

[117] Dal greco tòpos - caratteristica di uno specifico argomento e letteralmente "luogo" con prefisso e- con significato "digitale, elettronico".
[118] Architetto e urbanista australiano del Massachusetts Institute of Technology, deceduto nel 2010, autore di un significativo testo - William J. Mitchell, E-Topia: Vita Urbana, Jim - ma non come lo conosciamo, The MIT Press; 1 edizione (17 settembre 1999)
[119] *European Smart Cities*, http://www.smart-cities.eu, ultima consultazione: 16/04/2013

modo più intelligente" e delle tre l'ultima opzione rappresenta la più valida garanzia per il raggiungimento di un migliore stile di vita.

Il termine Smart City appare oggi abusato, quasi di tendenza, e sempre più spesso assume una connotazione che non è percepita nel modo corretto, legandosi alla sola tecnologia o alla sostenibilità. Si deve prestare attenzione a questa distorsione che sembra presentare le Smart City come la rivoluzione delle macchine e della digitalizzazione. Si tratta invece di una **rivoluzione delle idee** che si avvale delle tecnologie per gestire al meglio la società, cambiando paradigma di riferimento ed applicando un metodo che non faccia subire al cittadino le conseguenze dell'innovazione ma che gli faccia godere i molti vantaggi che questa può offrire. Non è accettabile ridurre il concetto Smart City alla trasformazione in PDF di un testo, alla sua conversione in formato ebook, all'uso di una carta d'identità su carta plastificata magari priva di banda magnetica o smart memory o ad un elenco di prodotti commerciali, certamente ad alto contenuto tecnologico, ma che non offrono alcuna vera utilità ai cittadini.

Una città è intelligente quando realizza un'aggregazione di persone che sono in grado di apprendere, adattarsi e innovare, che sappiano apprezzare e offrire inclusione sociale, che si sentano in dovere di partecipare alla co-costruzione di un progetto condiviso che tenga conto delle esigenze di tutti. Solo questa **forma empatica** di co-visione del mondo, ponendosi in una prospettiva che permetta di cogliere la visione degli altri, con l'intento di comprenderne le condizioni e le esigenze, potrà consentire di realizzare soluzioni integrate. Soluzioni che dovranno essere inserite in un progetto complessivo di rivisitazione critica e riproposizione di un nuovo modello di sviluppo che possa risultare più consono ai bisogni collettivi. Alcuni elementi essenziali potranno garantirne il successo: la **collaborazione** tra pubblico e privato, una **governance** centralizzata che monitori le soluzioni, una **visione condivisa** che lo sostenga, un **project management** che garantisca la gestione dei cambiamenti, e per ultimo, ma non meno importante, un elevato grado di **integrazione** tra le tecnologie disponibili.

117

La cultura delle persone, la loro consapevolezza, la necessità di governare l'innovazione che modifica le regole del gioco e la visione rivolta ad un futuro tecnologico equilibrato determinano la convinzione che necessariamente il progetto Smart City deve considerare la **scuola** come luogo privilegiato di formazione dei futuri cittadini provvedendo alla modifica degli ambienti di apprendimento e alla ridefinizione dello spazio e del tempo nella didattica attraverso nuovi paradigmi, la creazione di repository di contenuti digitali e servizi per docenti e studenti, la formazione per i docenti sui contenuti e codici insiti nelle nuove tecnologie didattiche per l'apprendimento in modalità elearning evitando la dispersione di energie o la duplicazione di risorse.

Proporre un nuovo paradigma di riorganizzazione urbana prevede, inoltre, la disponibilità di **risorse finanziarie**, di provenienza sia pubblica che privata, che consentano investimenti in ricerca ed innovazione. L'adattamento delle infrastrutture, soprattutto in relazione alle reti di comunicazione, costituisce il primo passo verso un adeguamento europeo ma non possono essere rimandate le problematiche correlate alla diffusione delle informazioni come quelle della sicurezza, degli standard e dell'integrazione dei sistemi.

Ma questi presupposti, che per essere realizzati devono essere calati nel **contesto politico**, **sociale** ed **economico** dell'Italia, sembrano apparire sfuocati e ricchi di ombre. La copertura finanziaria si fatica a trovare e l'istituzione della nuova Agenzia per l'Agenda Digitale, annunciato come provvedimento **a costo zero** e apparentemente ad alto potenziale di risparmio, in realtà ha portato all'intervento della stessa Corte dei Conti, che ha bloccato lo Statuto per gli eccessivi costi del personale dirigenziale richiesto per la nuova Agenzia. La soppressione delle precedenti istituzioni, che sono state accorpate, ha inoltre provocato il blocco dei compiti riconducibili alla struttura preesistente mentre la nuova struttura necessita di tempo per organizzarsi ed iniziare a svolgere la propria attività, con conseguente allungamento dei tempi complessivi.
Sono stati smantellati enti che per quasi vent'anni si erano occupati dell'informatizzazione del Paese e, quella dell'Agenzia per l'Italia Digitale, si sta rivelando una delle pagine più discutibili della politica dell'innovazione nel nostro Paese, al punto da ritenere che qualcuno debba chiedere scusa per aver allontanato

ancora di più il nostro futuro digitale. In merito alle scadenze indicate nei decreti per i vari interventi sembra trattarsi di scadenze promozionali e non realizzabili tanto da richiedere sistematiche prorogate.

L'attuale **Governo**, nel discorso alle Camere del presidente Letta, ha accennato all'agenda digitale e alla green economy come fattori di sviluppo, ma non ha specificato in che modo il governo intenda trattare la materia. A distanza di otto mesi dall'approvazione del decreto avvenuta in ottobre siamo ben lontani dall'avere la piena operatività dell'Agenzia per il digitale ed il divario culturale digitale, che pervade le classi dirigenti, non lascia molto spazio alle rosee aspettative dopo tanti proclami che non hanno prodotto risultati apprezzabili.

Uno degli ostacoli principali al processo di innovazione tecnologica sembra così essere rappresentato dalla **formazione del politico** che non sempre conosce il mondo delle tecnologie e troppo spesso delega la decisione al tecnico anche laddove ciò implichi scelte che cambiano la vita dei propri cittadini e creano conseguenze politiche. Gli investimenti in formazione digitale, che dovrebbero riguardare in prima istanza il mondo della dirigenza politica e della Pubblica Amministrazione, dovrebbero mirare ad una alfabetizzazione che conduca ad un uso consapevole della rete ed alla capacità di dare risposte e di interloquire attraverso la stessa rete, non certo alla sola capacità di accendere e spegnere un computer o utilizzare singole applicazioni quali word piuttosto che excel. Ma questa forma di cultura non sembra essere percepita come una priorità ma un lusso, generando così un ulteriore ritardo nella possibilità di disporre di persone adeguatamente preparate.

Anche le **differenze politiche** tra enti insediati sul territorio rischiano di frenare l'innovazione frapponendo ostacoli all'integrazione ed alla standardizzazione, vissuti come forti vincoli alle soluzioni localistiche e parziali, dettate dall'assenza di competenze e strumenti per una programmazione di più ampio respiro ma capaci di garantire un'immediata maggiore visibilità.

Le politiche per la progettazione di una Smart City nascono dall'ascolto di tutti i cittadini, gli attori e gli utenti che vivono la città e il territorio, ma l'attuale dirigenza non sembra in grado di comprendere le reali esigenze e le pressanti istanze che vengono rappresentate e conseguentemente non sono in grado di adottare soluzioni adeguate e stabilirne le priorità.

Anche il **mondo universitario**, che ha più volte aggiornato al ribasso le stime dei benefici della digitalizzazione del paese, si trova a dover segnalare che non innovare ha un costo drammaticamente più alto che innovare e che le lacune riscontrate nella normativa italiana fanno perdere per strada miliardi.

Il **mondo del lavoro** sta attraversando un periodo di forte crisi nella quale le nuove tecnologie si stanno inserendo con un forte impatto sul nuovo modo di lavorare, derivato dalla convenienza sociale ed economica che esse offrono. Il nuovo modo di lavorare sarà svincolato dal tempo e dallo spazio, con una forte propensione al coworking[120] e al nomadismo, come molte delle più avanzate imprese e molti loro collaboratori hanno ormai cominciato a comprendere. La maggior parte dell'imprenditoria e della Pubblica Amministrazione non ha ancora percepito l'impatto che le nuove tecnologie faranno emergere soprattutto in merito alla decontestualizzazione di ogni attività.

Arriva forte e da molte parti la richiesta di **rendere operative** le norme vigenti, varate apparentemente solo in ossequio formale all'Agenda Digitale Europea, puntando su azioni immediate, con fondi certi, considerando che abbiamo accumulato un ragguardevole ritardo e ancora stiamo rincorrendo la banda larga. Bruxelles, a febbraio scorso, ha proposto il drastico taglio (da 7 ad 1 miliardo di euro) dei fondi destinati alla realizzazione di infrastrutture a banda larga per il periodo 2014-2020 e a chi arriva in ritardo, nel perseguire i programmi stabiliti, non resteranno che le briciole dei finanziamenti disponibili.

---

[120] Il co-working o lavoro collaborativo coinvolge persone che collaborano su un progetto contribuendo ognuno con la propria competenza sui diversi aspettii. Consente attività a distanza ed in mobilità secondo ritmi personalizzati sebbene organizzati. Da non confondere con il telelavoro.

6. BIBLIO/SITOGRAFIA

112 - Il numero di emergenza europeo
http://ec.europa.eu/information_society/activities/112/index_en.htm,   ultima
consultazione: 06/05/2013

116, diritti del fanciullo
http://ec.europa.eu/justice/fundamental-rights/rights-child/hotline/index_en.htm, ultima
consultazione: 16/04/2013

Accessibilità in Europa
http://www.eaccessibility-monitoring.eu/researchResult.aspx,   ultima consultazione:
06/05/2013

Agenda Digitale Europea - COM(2010) 245 definitivo/2
http://eur-
lex.europa.eu/LexUriServ/LexUriServ.do?uri=CELEX:52010DC0245(01):IT:HTML,
ultima consultazione: 06/05/2013

Agenda Digitale Europea - commissione Europea nel maggio 2010 (Commissione
Europea - Bruxelles, 19.5.2010 - COM(2010)245 definitivo - Un'agenda digitale
europea
http://eur-
lex.europa.eu/LexUriServ/LexUriServ.do?uri=COM:2010:0245:FIN:IT:HTML, ultima
consultazione: 06/05/2013

Agenda Digitale Europea - Comunicazione della commissione al parlamento
europeo   -   http://eur-
lex.europa.eu/LexUriServ/LexUriServ.do?uri=CELEX:52010DC0245(01):IT:HTML,
ultima consultazione: 06/05/2013

Agenda Digitale Europea - Progressi per Paese
https://ec.europa.eu/digital-agenda/node/640, ultima consultazione: 16/04/2013

*Agenda digitale: la digitalizzazione della cultura dell'UE incoraggiante per aiutare la
crescita spinta*
http://europa.eu/rapid/press-release_IP-11-1292_en.htm?locale=en,   ultima
consultazione: 06/05/2013

Agenda per nuove competenze e nuovi lavori
http://ec.europa.eu/social/main.jsp?langId=it&catId=958,   ultima consultazione:
06/05/2013

Agenzia per l'Italia Digitale - Gestione ex DigitPA
http://www.digitpa.gov.it/, ultima consultazione: 06/05/2013

Architetture informative per le Comunità Intelligenti
http://www.digitpa.gov.it/sites/default/files/ArchSC_v2.0.pdf,   ultima consultazione:
16/04/2013

Audiovisual Media Services Directive (AVMSD)
http://ec.europa.eu/avpolicy/reg/avms/index_en.htm, ultima consultazione: 06/05/2013

Banda larghissima in Italia? - http://www.pmi.it/tecnologia/infrastrutture-it/, ultima consultazione: 06/05/2013

Bandi e applicazioni - http://www.pmi.it/economia/, ultima consultazione: 16/04/2013

Camera dei Deputati: testo del discorso del Presidente del Consiglio dei Ministri - 29 Aprile 2013 - Enrico Letta
http://www.governo.it/Presidente/Interventi/dettaglio.asp?d=70916,   ultima consultazione: 06/05/2013

Codice dell'Amministrazione Digitale - CAD Decreto Legislativo 7 marzo 2005, n. 82 - Testo vigente dal 19/12/2012 Ultimo aggiornamento: 09/04/2013
http://www.digitpa.gov.it/amministrazione-digitale/CAD-testo-vigente,   ultima consultazione: 06/05/2013

Commissione europea - Agenda digitale per l'Europa
http://ec.europa.eu/digital-agenda/en/our-goals/, ultima consultazione: 06/05/2013

Communication From The Commission - Governance and incentive mechanisms for the deployment of SESAR, the Single European Sky's technological pillar. Brussels, 22.12.2011 - COM(2011) 923 final
http://ec.europa.eu/transport/modes/air/sesar/doc/2011_12_22_comm_com_2011_0923 _f_en.pdf, ultima consultazione: 16/04/2013

Communication From The Commission To The European Parliament, The Council, The European Economic And Social Committee And The Committee Of The Regions - Single Market Act II - Brussels, 3.10.2012 - COM(2012) 573 final
http://ec.europa.eu/internal_market/smact/docs/single-market-act2_en.pdf,   ultima consultazione: 06/05/2013

Comunicazione della Commissione "Smart Cities e dei Comuni - partenariato europeo per l'innovazione" [COM (2012) 4701] -
http://ec.europa.eu/energy/technology/initiatives/doc/2012_4701_smart_cities_en.pdf, ultima consultazione: 06/05/2013

Comunicazione sul commercio elettronico e altri servizi on-line (2012)
http://ec.europa.eu/internal_market/e-commerce/communications/2012/index_en.htm, ultima consultazione: 06/05/2013

Comunità' intelligenti
http://www.ediltecnico.it/wp-content/uploads/2012/12/conversione-dl-sviluppo-bis.pdf, ultima consultazione: 06/05/2013

Convenzione sui diritti delle persone con disabilità confrontare http://www.un.org/disabilities/convention/index.shtml, ultima consultazione: 16/04/2013

Corriere della Sera - 13/5/2013 - http://www.giustizia-amministrativa.it/rassegna_web/130509/1xa9ny.pdf, ultima consultazione: 06/05/2013

Corriere delle Comunicazioni - venerdì 17 maggio 2013 - http://www.corrierecomunicazioni.it/pa-digitale/21163_l-agenzia-digitale-torna-in-alto-mare.htm, ultima consultazione: 06/05/2013 http://www.corrierecomunicazioni.it/tlc/21376_agenzia-pronto-il-comitato-d-indirizzo-statuto-a-una-svolta.htm, ultima consultazione: 06/05/2013

crescita inclusiva http://ec.europa.eu/europe2020/europe-2020-in-a-nutshell/priorities/inclusive-growth/index_it.htm, ultima consultazione: 06/05/2013

crescita intelligente http://ec.europa.eu/europe2020/europe-2020-in-a-nutshell/priorities/smart-growth/index_it.htm, ultima consultazione: 16/04/2013

crescita sostenibile http://ec.europa.eu/europe2020/europe-2020-in-a-nutshell/priorities/sustainable-growth/index_it.htm, ultima consultazione: 06/05/2013

Deakin, M., *Dalla città dei bit di e-topia: prendono la tesi sul digitale incluso cerchio rigenerazione completa*". *Journal of Technology Urbana* 14 (3): 131-143, 2007

DECRETO-LEGGE 18 ottobre 2012 , n. 179 - Sezione VII Ricerca, Innovazione E Comunita' Intelligenti - Art. 20 - Comunità' intelligenti http://www.ediltecnico.it/wp-content/uploads/2012/12/conversione-dl-sviluppo-bis.pdf, ultima consultazione: 17/05/2013

Delivering user-centric digital services - E-Commission 2012-2015, SEC(2012) 492 final, Brussels, 1.8.2012 http://ec.europa.eu/dgs/informatics/ecomm/doc/communication_sefcovic_tothecom.pdf, ultima consultazione: 17/05/2013

Dichiarazioni di Malmö e Granada sono disponibili sul sito web di attuazione DAE http://www.daeimplementation.eu/dae_actions.php?action_n=27, ultima consultazione: 16/04/2013

Digital Champions - http://ec.europa.eu/digital-agenda/en/digital-champions, ultima consultazione: 06/05/2013

DigitPA è un ente pubblico non economico - http://www.digitpa.gov.it, ultima consultazione: 06/05/2013

Directive 2010/65/Eu Of The European Parliament And Of The Council of 20 October 2010 on reporting formalities for ships arriving in and/or departing from ports of the Member States and repealing Directive 2002/6/EC.
http://eur-lex.europa.eu/LexUriServ/LexUriServ.do?uri=OJ:L:2010:283:0001:0010:EN:PDF, ultima consultazione: 06/05/2013

Disposizioni per lo sviluppo economico, la semplificazione, la competitività nonché in materia di processo civile pubblicata nella Gazzetta Ufficiale n. 140 del 19 giugno 2009 - Supplemento ordinario n. 95 -
http://www.sviluppoeconomico.gov.it/images/stories/mise_extra/Legge%2018%20giugno%202009%20%20n.%2069%20-art.1%20Banda%20Larga.pdf, ultima consultazione: 06/05/2013

DL 22 giugno 2012 n. 83 convertito con modifiche dalla L. 7 agosto 2012 n. 134
http://www.lavoro.gov.it/NR/rdonlyres/8542D822-BE88-46F6-9463-B482742F896C/0/20120807_L_134.pdf, ultima consultazione: 16/04/2013

eCall sicurezza
http://ec.europa.eu/information_society/activities/esafety/ecall/index_en.htm, ultima consultazione: 06/05/2013

eHealth - http://ec.europa.eu/health/ageing/docs/consult_report_en.pdf, ultima consultazione: 06/05/2013

Energia 2020 - Una strategia per un'energia competitiva, sostenibile e sicura [COM/2010/639] - http://eur-lex.europa.eu/LexUriServ/LexUriServ.do?uri=CELEX:52010DC0639:EN:HTML:NOT , ultima consultazione: 06/05/2013

ENISA - http://www.enisa.europa.eu/, ultima consultazione: 06/05/2013

epSOS - Progetto europeo della sanità elettronica epSOS - http://www.epsos.eu/home/about-epsos.html, ultima consultazione: 06/05/2013

William J. Mitchell, E-Topia: Vita Urbana, Jim - ma non come lo conosciamo, The MIT Press; 1 edizione (17 settembre 1999)

ETSI Machine to Machine Communications - M2M standardization - http://www.etsi.org/website/technologies/m2m.aspx, 2012, ultima consultazione: 16/04/2013

Europa 2000 - http://ec.europa.eu/europe2020/index_it.htm, ultima consultazione: 06/05/2013

European Commission, Directorate General For Internal Market And Services - Dg Markt/2010/22/E - (Smart 2007/035, Lot 4) - Final Report - 21-01-2012 - a cura della

Deloitte & Touche che è la seconda azienda di servizi di consulenza e revisione nel mondo. http://ec.europa.eu/internal_market/services/docs/services-dir/study_on_points/final_report_en.pdf, ultima consultazione: 06/05/2013

European Smart Cities, http://www.smart-cities.eu, ultima consultazione: 16/04/2013

Europeana - http://www.europeana.eu/portal/, ultima consultazione: 06/05/2013

Europe's Information Society - Self regulation: responsible stakeholders for a safer Internet - Coalition to make the Internet a better place for kids http://ec.europa.eu/information_society/activities/sip/self_reg/index_en.htm, ultima consultazione: 06/05/2013

Flavio Zanonato rispondendo ad un'interrogazione Parlamentare: "Agenda digitale, importante una governance unica" - 15 Maggio 2013 http://www.corrierecomunicazioni.it/pa-digitale/21298_zanonato-agenda-digitale-importante-una-governance-unica.htm, ultima consultazione: 06/05/2013

Governo dell'economia - http://ec.europa.eu/europe2020/europe-2020-in-a-nutshell/priorities/economic-governance/index_it.htm, ultima consultazione: 16/04/2013

Green Public Procurement (GPP) - EU GPP Criteria for Electricity http://ec.europa.eu/environment/gpp/eu_gpp_criteria_en.htm, ultima consultazione: 06/05/2013

Horizon 2020 (Orizzonte 2020) è lo strumento finanziario di applicazione di Unione dell'innovazione - http://ec.europa.eu/research/horizon2020/index_en.cfm?pg=h2020, ultima consultazione: 06/05/2013

Il Codice Dei Diritti Online http://ec.europa.eu/digital-agenda/code-eu-online-rights, ultima consultazione: 06/05/2013

Il ruolo della Commissione nel SEPA http://ec.europa.eu/internal_market/payments/sepa/ec_en.htm, ultima consultazione: 16/04/2013

Il Sistema Pubblico di Connettività (SPC) - http://www.digitpa.gov.it/spc, ultima consultazione: 06/05/2013

Indagine sui numeri armonizzati destinati a servizi di valore sociale-116 http://ec.europa.eu/public_opinion/archives/ebs/ebs_387_en.pdf, ultima consultazione: 06/05/2013

Iniziative Web Accessibility e in WCAG 2.0 (Web Content Accessibility Guidelines 2.0) http://ec.europa.eu/digital-agenda/en/web-accessibility, ultima consultazione: 06/05/2013

Innovazione, Italia sotto la media UE - Francesca Vinciarelli - 27 marzo 2013-
http://www.pmi.it/economia/mercati/news/63741/innovazione-italia-sotto-la-media-
ue.html, ultima consultazione: 16/04/2013

Internet Governance Forum - http://www.intgovforum.org/cms/, ultima consultazione:
06/05/2013

Investire nello sviluppo di tecnologie a basse emissioni di carbonio (Piano SET)
[COM/2009/519]
http://eur-
lex.europa.eu/LexUriServ/LexUriServ.do?uri=CELEX:52009DC0519:EN:HTML:NOT
, ultima consultazione: 06/05/2013

I-Scope project - i-SCOPE è supportata dal CIP / ICT PSP Obiettivo Identifier 5.1:
Open Innovation per i servizi abilitati per Internet in 'Smart Cities' -
http://www.iscopeproject.net/, ultima consultazione: 06/05/2013

IStat – L'Italia sotto la media europea nell'utilizzo di Internet -
http://noi-italia.istat.it/fileadmin/user_upload/allegati/88.pdf,   ultima   consultazione:
17/05/2013

L'Unione dell'Innovazione -
http://eur-lex.europa.eu/LexUriServ/LexUriServ.do?uri=COM:2011:0849:FIN:it:PDF,
ultima consultazione: 06/05/2013

*La Commissione lancia partenariato per l'innovazione per le Smart Cities e dei Comuni
- IP/12/760*
http://europa.eu/rapid/press-release_IP-12-760_en.htm?locale=en, ultima consultazione:
06/05/2013

La direttiva sulla mediazione europea (2008) è consultabile all'indirizzo
http://eur-
lex.europa.eu/LexUriServ/LexUriServ.do?uri=OJ:L:2008:136:0003:0008:EN:PDF,
ultima consultazione: 16/04/2013

L'agenda del digitale
http://ec.europa.eu/information_society/eeurope/i2010/index_en.htm,   ultima
consultazione: 17/05/2013

Le sfide del Marketing B2B per il 2013 - Tullio Matteo Fanti - 3/5/2013
http://blog.pmi.it/03/05/2013/, ultima consultazione: 17/05/2013

Libro verde Carta, internet e pagamenti mobile
http://ec.europa.eu/internal_market/payments/cim/index_en.htm, ultima consultazione:
16/04/2013

Linee guida per gli appalti pubblici di sistemi ICT

http://cordis.europa.eu/fp7/ict/ssai/study-action23_en.html, ultima consultazione: 06/05/2013

Manca conferenza Bambini: colmare le lacune - 116 000 hotline e figlio sistemi di allarme rapimento - http://ec.europa.eu/justice/events/missing-children/index.html, ultima consultazione: 06/05/2013

Memorandum of Understanding (MoU) - Copyright: il commissario Barnier accoglie favorevolmente l'accordo su un maggiore accesso ai libri per i non vedenti consultabile all'indirizzo http://europa.eu/rapid/press-release_IP-10-1120_en.htm?locale=en, ultima consultazione: 16/04/2013

Ministero Dello Sviluppo Economico - Agenda Digitale del Dipartimento per le Comunicazioni - http://www.sviluppoeconomico.gov.it/, ultima consultazione: 06/05/2013

Ministero Dello Sviluppo Economico - Agenda Digitale del Dipartimento per le Comunicazioni - http://www.sviluppoeconomico.gov.it/, ultima consultazione: 06/05/2013

Ministero Dello Sviluppo Economico - Cabina di Regia Agenda Digitale Italiana http://www.sviluppoeconomico.gov.it/, ultima consultazione: 16/04/2013

Ministero Dello Sviluppo Economico - Decreto Crescita 2.0 http://www.sviluppoeconomico.gov.it/, ultima consultazione: 16/04/2013

Ministero Dello Sviluppo Economico - Piano Nazionale Banda Larga http://www.sviluppoeconomico.gov.it/, ultima consultazione: 16/04/2013

Ministero Dello Sviluppo Economico - Progetto Strategico Banda Ultralarga http://www.sviluppoeconomico.gov.it/, ultima consultazione: 16/04/2013

Misure urgenti per la crescita del Paese - Titolo II - Misure Urgenti Per L'agenda Digitale E La Trasparenza Nella Pubblica Amministrazione - Art. 19 Istituzione dell'Agenzia per l'Italia digitale e seguenti.
http://www.altalex.com/index.php?idnot=18725#t2, ultima consultazione: 06/05/2013

Misure urgenti per l'innovazione e la crescita: Agenda Digitale e Startup - Dl Crescita 2.0 del 4 ottobre 2012 e della sintesi dell'Agenda Digitale Italiana in *Misure per l'Agenda Digitale Italiana* ricavato dal comunicato stampa del 4 ottobre 2012 che riporta il decreto pubblicato sulla Gazzetta Ufficiale del 19 ottobre 2012)
http://www.sviluppoeconomico.gov.it/, ultima consultazione: 06/05/2013

Nuove competenze per nuovi lavori
http://ec.europa.eu/social/main.jsp?catId=822&langId=it, ultima consultazione: 16/04/2013

Piattaforma europea contro la povertà

http://ec.europa.eu/social/main.jsp?catId=961&langId=it, ultima consultazione: 16/04/2013

Politica dello spettro radio dell'UE
http://ec.europa.eu/information_society/policy/ecomm/radio_spectrum/eu_policy/index_en.htm, ultima consultazione: 16/04/2013

Protezione sociale e integrazione
http://ec.europa.eu/social/main.jsp?catId=750&langId=it, ultima consultazione: 16/04/2013

Provvedimento Crescita 2.0 - decreto-legge del 9 febbraio 2012, n. 5 art. 47.
http://www.lavoro.gov.it/NR/rdonlyres/CA8A6F22-6101-4DB5-B37E-8EDF2CAB8983/0/20120209_DL_5.pdf, ultima consultazione: 06/05/2013

Provvedimento Crescita 2.0 - decreto-legge del 9 febbraio 2012, n. 5 art. 47.
http://www.lavoro.gov.it/NR/rdonlyres/CA8A6F22-6101-4DB5-B37E-8EDF2CAB8983/0/20120209_DL_5.pdf, ultima consultazione: 06/05/2013

Quadro di valutazione dell'agenda digitale - Commissione europea - Agenda digitale per l'Europa - I nostri obiettivi
http://ec.europa.eu/digital-agenda/en/scoreboard, ultima consultazione: 06/05/2013

Relazione annuale di monitoraggio della accessibilità in Europa -
http://europa.eu/rapid/press-release_IP-10-1120_en.htm?locale=en, ultima consultazione: 16/04/2013

Repressione di Attività di apologia o incitamento di Associazioni criminose o di Attività illecite compiuta a mezzo internet
http://www.senato.it/japp/bgt/showdoc/frame.jsp?tipodoc=Emend&leg=16&id=392701&idoggetto=413875, ultima consultazione: 06/05/2013

Ricerca Global Information Technology Report - Italia bocciata in ICT - Noemi Ricci - 15 aprile 2013 - http://www.pmi.it/tecnologia/infrastrutture-it/news/64321/italia-bocciata-in-ict.html, ultima consultazione: 06/05/2013

Smart Cities and Communities
http://ec.europa.eu/energy/technology/initiatives/smart_cities_en.htm, ultima consultazione: 06/05/2013

Vianello, D., *Smart Cities - gestire la complessità urbana nell'era di internet*, Santarcangelo di Romagna (RN), Maggioli Editore (collana Pionero), 2013

Smart Cities Energia -
http://ec.europa.eu/energy/technology/initiatives/smart_cities_en.htm , ultima consultazione: 06/05/2013

Smart Cities - MEMO/12/538 - http://europa.eu/rapid/press-release_MEMO-12-538_en.htm?locale=en, ultima consultazione: 06/05/2013

Smart Cities Trasporti e mobilità urbana
http://ec.europa.eu/transport/urban/urban_mobility/urban_mobility_en.htm, ultima consultazione: 06/05/2013

Strategia EU2020 - Bruxelles, 3.3.2010 - COM(2010) 2020 definitivo - Comunicazione Della Commissione Europa 2020 - Una strategia per una crescita intelligente, sostenibile e inclusiva - http://eur-lex.europa.eu/LexUriServ/LexUriServ.do?uri=COM:2010:2020:FIN:IT:PDF, ultima consultazione: 06/05/2013

"Teleassistenza on the cloud per le Molinette di Torino"
http://saperi.forumpa.it/story/65382/teleassistenza-cloud-le-molinette-di-torino, ultima consultazione: 06/05/2013
Transport: Commission to push for pan European passenger rail ticketing - Reference: IP/11/534 Data evento: 05/05/2011.
http://europa.eu/rapid/press-release_IP-11-534_en.htm?locale=en, ultima consultazione: 17/05/2013

UE – Azione per il clima - http://ec.europa.eu/clima/news/index_en.htm, ultima consultazione: 06/05/2013

7. GLOSSARIO E ACRONIMI[121]

ABI Lab. è il Centro di Ricerca e Innovazione per la Banca promosso dall'Associazione Bancaria Italiana in un'ottica di cooperazione tra banche e intermediari finanziari, partner tecnologici e Istituzioni. Il Consorzio si propone come strumento operativo di supporto all'interpretazione dei vantaggi derivanti dall'uso delle tecnologie.

Accessibilità. È la caratteristica di un dispositivo, di un servizio o di una risorsa d'essere fruibile con facilità da qualsiasi utente.

Business-to-business - B2B o commercio interaziendale, è una locuzione utilizzata per descrivere le transazioni commerciali elettroniche tra imprese, in opposizione a quelle che intercorrono tra le imprese ed altri gruppi.

Co-working. Modalità di lavoro attraverso la quale professionisti condividono lo stesso spazio lavorativo con altri, svolgendo però ognuno le mansioni legate alla propria attività. A differenza del tipico ambiente d'ufficio, coloro che fanno co-working non sono in genere impiegati nella stessa organizzazione. Svolgere il proprio lavoro a contatto con altri professionisti può stimolare creatività e conoscenza.

Cloud Computing. Dal NIST, l'istituto nazionale statunitense per gli standard e le tecnologie, il cloud computing è definito come un modello che abilita in rete l'accesso pratico e su richiesta (on demand) a un pool condiviso di risorse computazionali configurabili (e.g., reti, server, storage, applicazioni e servizi) che possono essere ottenute ed erogate rapidamente con il minimo sforzo di gestione e con un'interazione limitata con il fornitore.

Crowdfunding. (Dall'inglese *crowd*, gente e *funding*, finanziamento) è un processo collaborativo di di finanziamento dal basso attraverso il quale un gruppo di persone investe denaro per sostenere gli sforzi di persone ed organizzazioni. Deriva dal crowdsourcing, processo di sviluppo collettivo di un prodotto.

Crowdsourcing. (Da crowd, in inglese gente, e outsourcing, esternalizzare una parte delle proprie attività). È un neologismo che definisce un modello di attività nel quale un'azienda o un'istituzione richiede lo sviluppo di un progetto, di un servizio o di un prodotto ad un insieme distribuito di persone organizzate in una comunità virtuale. Questo processo avviene attraverso degli strumenti web o comunque dei portali su internet.

Digital divide. Divario digitale. È il divario esistente tra chi ha accesso effettivo alle tecnologie dell'informazione (in particolare personal computer e internet) e chi ne è escluso, in modo parziale o totale. I motivi di esclusione comprendono diverse variabili: condizioni economiche, livello d'istruzione, qualità delle infrastrutture, differenze di età, provenienza geografica. Oltre a indicare il divario nell'accesso

---

[121] Estrazione rivisitata dal documento "Architettura per le Comunità Intelligenti: Visione Concettuale e Raccomandazioni alla Pubblica Amministrazione" - versione 2.0 del 03/10/2012 - inserito nel sito dell'Agenzia per l'Italia Digitale della Presidenza del Consiglio dei Ministri.

reale alle tecnologie, la definizione include anche disparità nell'acquisizione di risorse o capacità necessarie a partecipare alla società dell'informazione. Il divario può essere inteso sia rispetto a un singolo paese sia a livello globale.

E-CODEX. Progetto pilota co-finanziato dalla Commissione europea nell'ambito del Program Safer Internet (PSI) con l'obiettivo di migliorare l'accesso dei cittadini e delle imprese agli strumenti giuridici in Europa e l'interoperabilità tra le autorità legislative all'interno dell'UE.

E-Government. Gestione digitalizzata dei processi e delle comunicazioni che riguardano la funziona pubblica e la funzione amministrativa. Le iniziative di e-Government perseguono due obiettivi:
- la crescita competitiva ed il miglioramento della qualità della vita di un Paese tramite l'erogazione di servizi on-line da parte delle Pubbliche Amministrazioni, centrali e locali, a cittadini e imprese;
- una maggiore efficienza interna nelle Pubbliche Amministrazioni.
L'e-government comprende attività quali l'informazione attraverso il web, la comunicazione diretta via e-mail con gli operatori pubblici e l'erogazione di servizi online.

Epsos. Progetto europeo della sanità elettronica epSOS è il principale progetto per la sanità elettronica europea (eHealth) di interoperabilità co-finanziato dalla Commissione europea e dalle parti interessate. Si concentra sul miglioramento delle cure mediche dei cittadini mentre si trovano all'estero, fornendo agli operatori sanitari i dati necessari del paziente.

Europeana. Progetto open forum di esperti per la fornitura di servizi tecnici, conoscenze giuridiche e strategiche. Si sta sostenendo il verde pubblico, il patrimonio culturale attraverso il trasferimento delle conoscenze, l'innovazione e la promozione, diffondendo il patrimonio personale e coltivando nuovi modi per incrementare il patrimonio culturale.

Geolocalizzazione. Riguarda l'inserimento di metadati di tipo geografico su vari supporti (come fotografie, video, sms, ecc.). Queste informazioni, spesso latitudine e longitudine, oltre a collocare in modo esatto il supporto stesso sulla terra, permettono all'utente la fruizione di svariati servizi come ad esempio la lettura di notizie basate sul luogo in cui ci si trova, i ristoranti vicino a una determinata posizione, le farmacie di turno aperte in un determinato territorio, ecc.

Governance. È un insieme di regole, processi e comportamenti che influenzano il modo in cui i poteri sono esercitati. Si basa sull'apertura, sulla partecipazione, sulla responsabilità, sull'efficacia e sulla coerenza dei processi decisionali e sull'integrazione di due ruoli distinti (nessuno dei quali risulta stabilito a priori in una posizione di predominio assoluto): quello di indirizzo programmatico (governo) e quello di gestione e fornitura di servizi (strutture operative ed amministrative). Lo Stato svolge un ruolo di coordinamento e di "accompagnamento" delle interazioni tra soggetti. In questo contesto risulta centrale il ruolo del dialogo e della partecipazione degli attori locali ai processi decisionali. Con tale "processo" vengono collettivamente risolti i problemi relativi ai bisogni di una comunità locale. Si ha una buona governance quando nella comunità sociale le azioni del governo (come strumento istituzionale) si integrano con quelle dei cittadini e le sostengono e vengono applicati i principi mutuati dalla cultura imprenditoriale per il coinvolgimento e la responsabilizzazione dei cittadini: centralità del cliente-cittadino, capacità di creare visioni condivise sulle prospettive di sviluppo, ecc.

Gpon-fibra ottica. La tecnologia GPON, indicata come la rete del futuro, è una rete di nuova concezione su fibra ottica che porta ulteriori vantaggi in termini di servizi e di sicurezza. Con l'eliminazione degli apparati, non necessita di energia elettrica rimuovendo i guasti legati all'alimentazione elettrica degli apparati. Le prestazioni e l'ampiezza di banda offerta, sia in uplink che in downlink, attestano la tecnologia GPON su livelli estremamente elevati: le normali condizioni di funzionamento prevedono infatti una velocità di 2,5 Gb/s in downlink e di 1,5 Gb/s in uplink.

GPS (Global Positioning System). Il Sistema di Posizionamento Globale è un sistema di posizionamento e navigazione satellitare che fornisce posizione e orario di qualsiasi oggetto sulla Terra ove vi sia un contatto privo di ostacoli tra il device che riceve il segnale e almeno 4 satelliti del sistema.

Green technology. Si intende l'utilizzo di tecnologie e stili di vita al servizio dell'ambiente. Sviluppo ecosostenibile, risparmio energetico, rispetto per l'ambiente e innovazione tecnologica (o fonti di energia alternative a quelle fossili) sono gli obiettivi della Green technology. Es. Green building, green chemistry, green nanotechnology, etc.

Infomobilità. Uso di tecnologie dell'informazione a supporto della mobilità e degli spostamenti di persone e merci. Es. informazione in tempo reale sui ritardi di treni/bus, ricerca di un percorso con il minor traffico, pagamenti elettronici per l'accesso a aree a traffico limitato, etc.

Internet of Things. E' l'evoluzione di Internet in cui gli oggetti sono univocamente identificati e localizzati all'interno della rete globale diventando parti attive nei processi di business.

IPv4. (Internet Protocol version 4). Protocollo di rete utilizzato in internet per identificare univocamente un "oggetto", sia esso un sito web o un computer o un cellulare o una tv, etc.

IPv6. (Internet Protocol version 6). E' un'evoluzione dell'IPv4 che introduce nuove funzionalità e aumenta il numero massimo di device (oggetti) che possono essere collegati contemporaneamente sulla rete.

LTE - Long Term Evolution. La più recente evoluzione degli standard di telefonia mobile per promuovere l'uso della banda larga in mobilità, sfruttando l'esperienza e gli investimenti effettuati per le reti 3G e anticipando i tempi rispetto alla disponibilità degli standard di quarta generazione 4G il cui obiettivo è quello di raggiungere velocità di connessione wireless anche superiori a 1 Gb/s.

Key Performance Indicator (Indicatore Prestazionale Chiave). E' un indicatore dell'andamento di un processo aziendale. Esistono diversi tipi di KPI; per esempio, indicatori generali, indicatori di costo, indicatori di qualità, indicatori di tempo.

M2M. Machine to machine - tecnologie ed applicazioni di telemetria e telematica che utilizzano le reti wireless ed applicazioni che migliorano l'efficienza e la qualità dei processi.

Next Generation Network (NGN). Dall'ITU-T, NGN è una rete a commutazione di pacchetto in grado di fornire servizi - inclusi servizi di telecomunicazione - e in grado di far uso di molteplici tecnologie a banda larga con Quality of Service, nella quale le funzionalità correlate alla fornitura dei servizi siano indipendenti dalle tecnologie di trasporto utilizzate.

Open Data. Dall'Open Knowledge Foundation (OPF), un contenuto o un dato si definisce aperto se chiunque è in grado di utilizzarlo, ri-utilizzarlo e ridistribuirlo, soggetto, al massimo, alla richiesta di attribuzione e condivisione allo stesso modo.

Open Government. Letteralmente "governo aperto". S'intende un nuovo concetto di Governance a livello centrale e locale, basato su modelli, strumenti e tecnologie che consentono alle amministrazioni di essere "aperte" e "trasparenti" nei confronti dei cittadini. Tutte le attività dei governi e delle amministrazioni dello stato devono essere aperte e disponibili per favorire azioni efficaci e garantire un controllo pubblico sull' operato.

Opt-out (option-out). Con il termine inglese opt-out (in cui opt è l'abbreviazione di option, opzione) ci si riferisce ad un concetto della comunicazione commerciale diretta (direct marketing), secondo cui il destinatario della comunicazione commerciale non desiderata ha la possibilità di opporsi ad ulteriori invii per il futuro.

Realtà aumentata. Si intende l'arricchimento della percezione sensoriale umana mediante informazioni, in genere manipolate e convogliate elettronicamente, che altrimenti non sarebbero percepibili con i cinque sensi. Es. esplorazione della città attraverso uno smartphone (che fornisce all'utente maggiori informazioni sul luogo in cui si trova), il cruscotto dell'automobile (fornisce la velocità del mezzo), etc.

Resilienza. In informatica, è la capacità di un sistema di adattarsi alle condizioni d'uso e di resistere all'usura in modo da garantire la disponibilità dei servizi erogati. I contesti di riferimento sono quelli relativi alla business continuity e al disaster recovery. È definibile anche come una somma di abilità, capacità di adattamento attivo e flessibilità necessaria per adottare nuovi comportamenti una volta che si è appurato che i precedenti non funzionano (WIKI).

RFID (Radio Frequency IDentification o Identificazione a radio frequenza). In telecomunicazioni ed elettronica RFID è una tecnologia per l'identificazione e/o memorizzazione automatica di oggetti, animali o persone (AIDC Automatic Identifying and Data Capture) basata sulla capacità di memorizzazione di dati da parte di particolari dispositivi elettronici (detti tag o transponder) e sulla capacità di questi di rispondere all'"interrogazione" a distanza da parte di appositi apparati fissi o portatili chiamati per semplicità' "lettori" a radiofrequenza, comunicando (o aggiornando) le informazioni in essi contenute.

Scuola intelligente. È un insieme di spazi fisici, di tecnologie e di attrezzature capaci di rispondere, anche in tempi rapidi, al maggior numero possibile di bisogni complessivi e dinamici delle attività didattiche e formative di oggi e del futuro, in rapporto aperto con altre attività sociali e di interesse pubblico.

Sensore. Componente che misura una particolare grandezza dell'ambiente che lo circonda (temperatura, umidità, etc.).

Smart Building: Smart Building è il sistema di automazione che aiuta a gestire in tempo reale "sicurezza", "risparmio energetico" e "controllo" degli edifici con semplicità. Attraverso una semplice interfaccia "web based", è possibile:
- supervisionare, in tempo reale, lo stato di tutti i moduli periferici installati nella struttura;
- comandare, configurare e automatizzare le funzioni svolte dai singoli dispositivi installati;
- rilevare e visualizzare, in tempo reale, gli allarmi provenienti dagli ambienti e dagli impianti tecnologici;
- monitorare i consumi e i risparmi energetici.

Smart city "città intelligente". Con il termine Smart City/Community (SC) si intende quel luogo e/o contesto territoriale ove l'utilizzo pianificato e sapiente delle risorse umane e naturali, opportunamente gestite e integrate mediante le numerose tecnologie ICT già disponibili, consente la creazione di un ecosistema capace di utilizzare al meglio le risorse e di fornire servizi integrati e sempre più intelligenti (cioè il cui valore è maggiore della somma dei valori delle parti che li compongono). Gli assi su cui si sviluppano le azioni di una Smart Community sono molteplici: mobilità, ambiente ed energia, qualità edilizia, economia e capacità di attrazione di talenti e investimenti, sicurezza dei cittadini e delle infrastrutture delle città, partecipazione e coinvolgimento dei cittadini. Condizioni indispensabili sono una connettività diffusa e la digitalizzazione delle comunicazioni e dei servizi.

Smart metering. Tecnologia impiegata nel campo dell'efficienza energetica per la misurazione dei risparmi conseguibili a seguito di interventi di efficientamento. Lo smart metering è un sistema di controllo basato su reti di sensori per il monitoraggio in tempo reale dei consumi di luce, gas e acqua. Grazie alla possibilità di interfaccia con le tecnologie informatiche e di comunicazione, consente di intervenire sugli impianti regolando lo scambio sia di energia sia di informazioni sul funzionamento dell'impianto, offrendo anche la possibilità di intervenire in caso di problematiche o guasti in modalità immediata, senza dover ricorrere all'intervento sul posto.

Smart strategy. Approccio che è possibile utilizzare sia in ambito lavorativo che privato per raggiungere con successo qualsiasi tipo di obiettivo. In particolare gli obiettivi dovrebbero essere specifici, misurabili, attuabili, pertinenti e soggetti a un limite temporale (SMART: specific, measurable, achievable, relevant and timed).

Social media. Termine generico che indica tecnologie e applicazioni internet che consentono a chiunque la creazione, l'utilizzo e lo scambio di informazioni (con contenuti testuali, immagini, video e audio). Si distinguono dai media di tipo tradizionali (giornali, radio, televisione e cinema) per il costo molto basso o gratuito e per essere accessibili da qualsiasi tipo di utente. Possono essere inoltre sempre cambiati a seguito di commenti e modifiche e la propagazione delle informazioni da loro trattate può essere molto più veloce rispetto a quelle dei media tradizionali.

Stakeholder. "Portatore di interesse". Con tale termine si individuano gli attori coinvolti o i soggetti influenti nei confronti di un'iniziativa economica, sia essa un'azienda o un progetto di interesse sociale.

Telemedicina. È l'insieme delle tecniche mediche e informatiche che consentono di fornire servizi sanitari a distanza attraverso l'utilizzo delle reti di telecomunicazioni. La telemedicina può in particolare contribuire a migliorare la qualità dell'assistenza sanitaria e consentire la fruibilità di cure, servizi di diagnosi e consulenza medica a distanza, oltre al costante monitoraggio di parametri vitali, al fine di ridurre il rischio d'insorgenza di complicazioni in persone a rischio o affette da patologie croniche.

Web 2.0. È l'evoluzione del World Wide Web tradizionale. Con Web 2.0, si indica l'insieme delle applicazioni on-line che consentono agli utenti una maggiore interazione con i siti web e più in generale con internet. Nel tempo ha assunto la dimensione sociale di strumento orientato alla condivisione di pensiero e di esperienze, rispetto alla mera fruizione dei contenuti offerti dalla Rete.

Web of Things. E' una visione che prende spunto dall'Internet of Things dove gli oggetti di uso quotidiano sono collegati attraverso gli standard Web al fine di renderli di più facile utilizzo e integrabili all'interno delle applicazioni web.

Wireless. Indica una comunicazione tra dispositivi elettronici che non fa uso di cavi. Per estensione sono detti wireless i rispettivi sistemi o dispositivi di comunicazione che implementano tale modalità di comunicazione. I sistemi tradizionali basati su connessioni cablate sono invece detti wired. Generalmente il wireless utilizza onde radio a bassa potenza; tuttavia la definizione si estende anche ai dispositivi, meno diffusi, che sfruttano la radiazione infrarossa o il laser.

Wi-Fi. In telecomunicazioni il termine indica la tecnica e i relativi dispositivi che consentono ai terminali di collegarsi tra loro attraverso una rete locale in maniera wireless (senza fili). Qualunque dispositivo (computer, cellulare, palmare ecc.) può connettersi a reti di questo tipo se integrato con le specifiche tecniche del protocollo Wi-Fi.

Wireless sensor network. Rete di sensori wireless (WSN); è costituita da sensori autonomi distribuiti spazialmente per monitorare le condizioni fisiche o ambientali (temperatura, suono, vibrazione, pressione, umidità, movimento) o inquinanti. Tali sensori sono collegati attraverso un network di reti ad un sistema di governo centrale, presso il quale possono essere presenti gli strumenti che consentono la raccolta e l'aggregazione delle informazioni, nonché i relativi sistemi di gestione.

World Trade Organization - WTO o Organizzazione mondiale del commercio - OMC è un'organizzazione internazionale creata allo scopo di supervisionare numerosi accordi commerciali tra gli stati membri. Vi aderiscono, al 24 Agosto 2012, 157 Paesi a cui si aggiungono 30 Paesi osservatori, che rappresentano circa il 97% del commercio mondiale di beni e servizi (WIKI).

ACRONIMI

3GPP – 3rd Generation Partnership Project

ADI – Agenda Digitale Italiana

CAD – Codice dell'Amministrazione Digitale

ETSI – European Telecommunications Standards Institute

GPS – Global Position System

GSM – Global System for Mobile communications

HSPA – High Speed Packet Access

HVAC – Heating, Ventilation, and Air Conditioning **ICT** – Information and Communication Technology **IoT** – Internet of Things

KPI – Key Performance Indicator

LTE – Long Term Evolution

M2M – Machine to Machine

NFC – Near Field Communication **NGN** – Next Generation Networks **OMA** – Open Mobile Alliance

PA – Pubblica Amministrazione

PAC – Pubblica Amministrazione Centrale **PAL** – Pubblica Amministrazione Locale

PLC – Power Line Communication

PMI – Piccole e Medie Imprese

RFID – Radio Frequency IDentification

SC – Smart City/Community

SPC – Sistema Pubblico di Connettività

UMTS – Universal Mobile Telecommunication System

www.ingramcontent.com/pod-product-compliance
Lightning Source LLC
Chambersburg PA
CBHW021143070326
40689CB00043B/1108